Alexander Schneider

Konzept und Vorgehensweise zur Transformation vo
Dokumenten in ein interaktives Hypertextsystem

I0007121

Dargestellt an einem Praxisbeispiel aus dem Bereich Telekooperation

Bibliografische Information der Deutschen Nationalbibliothek:

Bibliografische Information der Deutschen Nationalbibliothek: Die Deutsche Bibliothek verzeichnet diese Publikation in der Deutschen Nationalbibliografie; detaillierte bibliografische Daten sind im Internet über http://dnb.d-nb.de/ abrufbar.

Copyright © 1997 Diplomica Verlag GmbH
Druck und Bindung: Books on Demand GmbH, Norderstedt Germany
ISBN: 9783838606828

http://www.diplom.de/e-book/216610/konzept-und-vorgehensweise-zur-transfor-mation-von-umfangreichen-linearen

Alexander Schneider

Konzept und Vorgehensweise zur Transformation von umfangreichen linearen Dokumenten in ein interaktives Hypertextsystem

Dargestellt an einem Praxisbeispiel aus dem Bereich Telekooperation

Diplom.de

Alexander Schneider

Konzept und Vorgehensweise zur Transformation von umfangreichen linearen Dokumenten in ein interaktives Hypertextsystem
Dargestellt an einem Praxisbeispiel
aus dem Bereich Telekooperation

Diplomarbeit
an der Universität zu Köln
Oktober 1997 Abgabe

***Diplomarbeiten* Agentur**
Dipl. Kfm. Dipl. Hdl. Björn Bedey
Dipl. Wi.-Ing. Martin Haschke
und Guido Meyer GbR

Hermannstal 119 k
22119 Hamburg

agentur@diplom.de
www.diplom.de

ID 682

Schneider, Alexander: Konzept und Vorgehensweise zur Transformation von umfangreichen linearen Dokumenten in ein interaktives Hypertextsystem: Dargestellt an einem Praxisbeispiel aus dem Bereich Telekooperation / Alexander Schneider · Hamburg: Diplomarbeiten Agentur, 1998
Zugl.: Köln, Universität, Diplom, 1997

Dipl. Kfm. Dipl. Hdl. Björn Bedey, Dipl. Wi.-Ing. Martin Haschke & Guido Meyer GbR
Diplomarbeiten Agentur, http://www.diplom.de, Hamburg
Printed in Germany

Diplomarbeiten Agentur

Wissensquellen gewinnbringend nutzen

Qualität, Praxisrelevanz und Aktualität zeichnen unsere Studien aus. Wir bieten Ihnen im Auftrag unserer Autorinnen und Autoren Wirtschaftsstudien und wissenschaftliche Abschlussarbeiten – Dissertationen, Diplomarbeiten, Magisterarbeiten, Staatsexamensarbeiten und Studienarbeiten zum Kauf. Sie wurden an deutschen Universitäten, Fachhochschulen, Akademien oder vergleichbaren Institutionen der Europäischen Union geschrieben. Der Notendurchschnitt liegt bei 1,5.

Wettbewerbsvorteile verschaffen – Vergleichen Sie den Preis unserer Studien mit den Honoraren externer Berater. Um dieses Wissen selbst zusammenzutragen, müssten Sie viel Zeit und Geld aufbringen.

http://www.diplom.de bietet Ihnen unser vollständiges Lieferprogramm mit mehreren tausend Studien im Internet. Neben dem Online-Katalog und der Online-Suchmaschine für Ihre Recherche steht Ihnen auch eine Online-Bestellfunktion zur Verfügung. Inhaltliche Zusammenfassungen und Inhaltsverzeichnisse zu jeder Studie sind im Internet einsehbar.

Individueller Service – Gerne senden wir Ihnen auch unseren Papierkatalog zu. Bitte fordern Sie Ihr individuelles Exemplar bei uns an. Für Fragen, Anregungen und individuelle Anfragen stehen wir Ihnen gerne zur Verfügung. Wir freuen uns auf eine gute Zusammenarbeit

Ihr Team der *Diplomarbeiten* Agentur

Dipl. Kfm. Dipl. Hdl. Björn Bedey –
Dipl. Wi.-Ing. Martin Haschke ——
und Guido Meyer GbR ————

Hermannstal 119 k ————
22119 Hamburg ————

Fon: 040 / 655 99 20 ————
Fax: 040 / 655 99 222 ————

agentur@diplom.de ————
www.diplom.de ————

Inhaltsverzeichnis

v

Abbildungsverzeichnis

Tabellenverzeichnis

Abkürzungsverzeichnis

ASCII . . . . American Standard Code for Information Interchange

BTÖV . . . . Bedarf an Telekooperation in öffentlichen Verwaltungen

CD-ROM. . . . . . . Compact Disc-Read Only Memory

CGI. . . . . Common Gateway Interface

CUA . . . . Common User Access

DOS . . . . Disk Operating System

dpi . . . . Dots per Inch

DTD . . . . Document Type Definition

DTP . . . . Desktop Publishing

E-Mail . . . . Electronic Mail

EPS . . . . Encapsulated Postscript

GIF . . . . Graphics Interchange Format

GUI . . . . Graphical User-Interface

HTML. . . . . Hypertext Markup Language

HTTP . . . . Hypertext-Transfer-Protokoll

IBM . . . . International Business Machines

ISO . . . . International Organization for Standardization

NCSA . . . . National Centre of Supercomputing Applications

PC . . . . Personal Computer

SAA . . . . System Application Architecture

SGML . . . . Standard Generalized Markup Language

TIFF . . . . Tagged Image File Format

W3 . . . . World-Wide-Web

W3C . . . . World-Wide-Web Consortium

WAIS . . . . Wide Area Information System

WWW . . . . World-Wide-Web

WYSIWYG . . . . . . What You See Is What You Get

1 Einleitung

1.1 Zielsetzung

Obwohl der Begriff »Hypertext« und damit die Verknüpfung von Dokumenten schon vor langer Zeit geprägt und eingeführt wurde, kommt es erst seit kurzer Zeit zu einem starken Interesse an diesem Thema auch außerhalb der Forschungseinrichtungen. Dies liegt zum großen Teil daran, daß leistungsfähige Computer inzwischen weitverbreitet und Hypertext-Entwicklungssysteme auch für Personal-Computer verfügbar sind. Einen großen Anteil an dem starken Interesse bezüglich Hypertext ist auf das Internet zurückzuführen, welches inzwischen auch von privaten und gewerblichen Anwendern genutzt wird, wobei Informationen aus dem World-Wide-Web (WWW oder W3) durch leicht zu bedienende Browser abgerufen werden. Das WWW basiert auf dem Hypertext-Transfer-Protokoll (HTTP)[1], so daß schon durch die Namensgebung die Unterstützung von Hypertext deutlich wird.

Die verschiedenen Hypertextsysteme, die bisher entwickelt wurden, sind jedoch meist plattformspezifisch und relativ schwer zu programmieren. Zudem waren die Computer bis vor kurzer Zeit nur wenig leistungsfähig, und es konnten bestimmte Funktionen von Hypertext nicht oder nur unzureichend implementiert werden. Dazu zählt beispielsweise die Aktivierung von Links, die heute üblicherweise durch einen Mausklick erfolgt. Die Maus hat jedoch erst mit der Einführung der grafischen Benutzerschnittstellen eine weite Verbreitung erfahren. Vorher mußte man den Cursor[2] mittels der Pfeiltasten zu dem Bereich mit dem Link bewegen und dann durch den Druck einer Taste die Aktivierung vornehmen. Dies ist jedoch mühsam und erlaubt keine schnelle Bedienung des Hypertextes.

Unter dem Anwenderaspekt ist es wünschenswert, daß der Hypertext auf möglichst vielen Computerplattformen darstellbar ist, so daß man als Zukunftsvision mit einem Computer an jedem beliebigen Ort einen Hypertext abrufen und in einer normierten Form darstellen kann. Aus der Sicht des Entwicklers ist es wichtig, daß der Hypertext einfach zu erstellen und zu warten ist, sowie einheitlich auf den verschiedenen Systemen dargestellt wird. Damit wird der hohe Aufwand bei Portierungen, wie die Anpassung der Benutzerschnittstelle an die jeweiligen Betriebssysteme, vermieden.

Das Ziel dieser Arbeit ist die Entwicklung eines Konzeptes mit der Erstellung von Richtlinien, wie die Transformation eines bestehenden umfangreichen linearen Textes, beispielsweise eine Projektdokumentation, in ein Hypertextsystem durchgeführt werden kann. Dazu werden zuerst die theoretischen Konzepte vorgestellt, und daraus werden dann die Richtlinien für die praktische Umsetzung entwickelt. Diese exemplarische Umsetzung wird an einem Praxisprojekt aus dem Bereich Telekooperation aufgezeigt.

---

[1] Vgl. Tolksdorf /Die Sprache des Web: HTML 3 1996/ 121 ff.

[2] „Schreibmarke, die auf dem Bildschirm ... eine Stelle anzeigt, an der der Benutzer die nächste Eingabe machen kann." [Schimpf, Ullfors /Informatik 1994/117]

1.2 Vorgehensweise

Zuerst werden die theoretischen Grundlagen, die als Rahmen für die Transformation dienen, dargestellt. Die Konzepte, die im Zusammenhang mit dem Begriff Hypertext auftreten, werden erklärt, sowie die Anforderungen und Ziele aufgezeigt, die mit der Entwicklung eines Hypertextsystems verbunden sind. Es werden die grundlegenden Probleme bei dem Einsatz und der Entwicklung von Hypertextsystemen dargestellt. Darauf folgen Überlegungen zur Strukturierung von Informationen und die Zusammenfassung von Texten. Anschließend wird die Gestaltung der Benutzerschnittstelle behandelt. Abschließend wird ein System für die spätere praktische Umsetzung bestimmt, indem ein Vergleich von verschiedenen Hypertext-Entwicklungsumgebungen unter Beachtung von ausgewählten Kriterien durchgeführt wird.

In dem Kapitel zur exemplarischen Umsetzung wird auf Basis einer Projektdokumentation aus dem Bereich Telekooperation die Konversion von textbasierten Dokumenten in ein interaktives Hypertext-Informationssystem dargestellt. Dabei werden zuerst die für die praktische Umsetzung notwendigen Gestaltungsrichtlinien aufgestellt und die Verbindung zu den theoretischen Konzepten aufgezeigt. Die Konversion der Dokumente findet unter Würdigung der Anforderungen an die späteren Benutzer des Hypertextes statt, die in der Entscheidungsfindung bei der Gestaltung von Telekooperationssystemen unterstützt werden sollen. Durch den Einsatz eines Hypertextsystems soll die Komplexität der Anforderungen bei der Selektion und Kombination der verschiedenen Arten von Telekooperationsszenarien gesenkt werden.

Den Abschluß dieser Arbeit bildet die Erstellung von Handlungsempfehlungen, in denen die bei der praktischen Realisierung aufgetretenen Erfahrungen zusammengefaßt werden. Die Handlungsempfehlungen sollen die Autoren von Hypertexten unterstützen, einfach zu bedienende und verständliche Hypertexte zu generieren.

1.3 Rahmenbedingungen

Zu den technischen Rahmenbedingungen gehört die Vernetzbarkeit des Rechners, entweder durch einen direkten Anschluß an ein lokales oder globales Netz, oder aber durch ein Modem über einen Einwahlknoten, wenn der Hypertext nicht von einem lokalen Speichermedium abgerufen wird. Obwohl Hypertextsysteme auch auf Einzelplatzrechnern lokal lauffähig sind, stellt die Möglichkeit für die Anwender, Dokumente aus dezentral gelagerten Informationspools transparent abzurufen, einen wesentlichen Bestandteil von Hypertexten dar.

Hardwareseitig sollte das Computersystem farbfähig sein, um die Anwender durch den Einsatz von Farbe zu unterstützen und die Arbeit angenehmer zu gestalten. Die Größe des Monitors darf 15 Zoll und eine physikalische Auflösung von 800×600 Pixeln nicht unterschreiten. Ansonsten steht auf dem Monitor nicht ausreichend Platz zur Verfügung, um die Benutzerschnittstelle und die Informationen des Hypertextes adäquat abzubilden.

Auf der Software-Seite sollte das Computersystem eine grafische Benutzerschnittstelle besitzen, um die einfache Nutzung des Hypertextes zu unterstützen. Alle anderen Komponenten der Hard- und Software, wie Festplattenkapazität, Größe des Hauptspeichers oder Netzwerksoftware, müssen dann je individuell konfiguriert werden.

Für die Nutzung aller Funktionen des auf HTML-Basis (Hypertext Markup Language) erstellten Hypertextes muß ein HTML-3- und JavaScript-fähiger Browser, wie der Netscape Navigator ab Version 3.0, auf dem Computersystem vorhanden sein. Der bei der praktischen Umsetzung erstellte Hypertext liegt der Arbeit auf CD-ROM (Compact Disc-Read Only Memory) bei, so daß der Hypertext direkt von der CD-ROM mit einem HTML-Browser abrufbar ist. Zusätzlich ist ein Ordner mit den Installationsprogrammen des Netscape Navigators in der Version 3.0 für verschiedene Plattformen vorhanden.

Auf dem Forschungsgebiet für Hypertext und Benutzerschnittstellen kommen die meisten Beiträge aus englischsprachigen Ländern. Für viele Begriffe gibt es nur umständliche oder ungenaue deutsche Übersetzungen, die zudem auch nicht in einem Wort zusammengefaßt werden können, wie die Übersetzung von »Browsen« in »Abrufen von Knoten in einem Hypertext«. Im weiteren Verlauf der Arbeit werden sowohl die englischen als auch die deutschen Begriffe eingeführt und ausführlich erklärt. Danach werden die deutschen Fachbegriffe nur noch benutzt, wenn eine passende deutsche Übersetzung vorhanden ist, beispielsweise »Node« und »Knoten«. Ansonsten werden die englischen Fachbegriffe verwendet.

2 Theoretische Grundlagen
2.1 Anforderungen und Ziele an eine Hypertext-Entwicklungsumgebung
2.1.1 Das Hypertextkonzept
2.1.1.1 Die historische Entwicklung des Hypertextkonzeptes

Für die Formulierung von Anforderungen und Zielen an eine Hypertext-Entwicklungsumgebung ist es notwendig, den Begriff »Hypertext« zu definieren. Es keine allgemeingültige, einheitliche Definition für Hypertext, die alle wichtigen Aspekte umfaßt. Daher wird im Folgenden durch die Darstellung der zugrundeliegenden Begriffe das Hypertextkonzept verdeutlicht.

Das theoretische Konzept der Verknüpfung von Informationen wurde erstmals in einem Artikel von *Vannevar Bush*[3] im Jahre 1945 eingeführt. Zu dieser Zeit gab es aber noch keine leistungsfähigen Computer, so daß das von Bush entwickelte »Memex« (»Memory-Expander«) auf Mikrofilm basierte. Mittels dieses Memex sollte es möglich sein, beliebige Informationen einzulesen und auf Mikrofilm abzulegen, damit man zu einem späteren Zeitpunkt flexibel und schnell die gespeicherten Informationen abrufen kann. Gleichzeitig ist dem Anwender die Möglichkeit gegeben, eigene Kommentare zu den einzelnen Informationen und zusätzliche Pfade durch die Informationen anzulegen. *Vannevar Bush* zeigt die folgenden grundlegenden Probleme auf:
- einen ständig steigenden Informationsfluß und
- die Problematik der Erfassung, Ablage und Indexierung von Informationen zum effizienten Zugriff.

---

[3] Vgl. Bush /As we may think 1945/ 101 ff.

Neben diesen Problemen nennt er auch theoretische Lösungskonzepte, ohne aber auf die praktische Umsetzung einzugehen. Allerdings sind die von Bush erkannten Probleme auch heute, über fünfzig Jahre später, noch aktuell und ungelöst.

Der Begriff »Hypertext« wurde von *Theodor H. Nelson* geprägt: „By hypertext I simply mean non-sequential writing."[4] Er versteht darunter ein System von „… textuellem oder grafischem Material, welches derart komplex verknüpft ist, so daß es sich nicht in geeigneter Form auf Papier präsentieren läßt."[5] In Nelson's Vision können alle Dokumente und damit das dadurch repräsentierte Wissen der gesamten Welt auf diese Art abgelegt, verknüpft und jederzeit vom Anwender abgerufen und kommentiert werden.

Im Jahre 1972 wurde eine Reihe von Hypertexten an der Carnegie-Mellon-Universität entworfen, die unter dem Namen ZOG bekannt sind. Daraus resultierte ein Hypertext-System, welches auf einem Flugzeugträger installiert wurde und später unter dem Namen KMS kommerziell verfügbar war. Darauf folgte Ende der 80er Jahre die Entwicklung der Hypertextsysteme GUIDE an der Universität von Kent und HyperCard von Apple Computer, die zum ersten Mal auf einem Personal Computer (PC) lauffähig waren und eine weite Verbreitung erlangt haben.[6]

2.1.1.2 Bestandteile eines Hypertextes

Ein Hypertextsystem unterscheidet sich grundlegend von konventionellem Text durch die Art, wie Informationen gespeichert, organisiert und abgerufen werden. In einem konventionellen Text sind die Informationen sequentiell organisiert, das heißt der Leser liest eine Folge von Seiten nacheinander durch. Ein Hypertextsystem besteht aus einer Vielzahl von Dokumenten, die untereinander verknüpft sind.

Die einzelnen Dokumente bezeichnet man als »Knoten« (»Nodes«) und die Verknüpfungen zwischen diesen Knoten werden durch sogenannte »Links« realisiert. Man unterscheidet zwischen uni- und bidirektionalen Links. Ein »unidirektionaler Link« verweist nur auf den Zielknoten, bei einem »bidirektionalen Link« kann zusätzlich festgestellt werden, welche anderen Knoten auf den aktuellen Knoten verweisen.[7] Durch den Einsatz von Links wird eine Entlinearisierung der Dokumente erreicht, die typisch für einen Hypertext ist. Mit Entlinearisierung ist gemeint, daß der Anwender keinem vorgegebenen Pfad folgen muß, sondern er kann sich die Informationen in einer von ihm bestimmten Reihenfolge ansehen.[8] Es entsteht somit ein Verbund von Dokumenten, welcher zum einen durch eine Hierarchie in Form einer Baumstruktur dargestellt werden kann, zum anderen häufig aber den komplexeren Aufbau eines Netzwerkes besitzt. Die verschiedenen Knoten können nicht nur Text, sondern auch

[4] Nelson /Literary Machines 1965/ 1/17
[5] Vgl. Nelson /A File Structure for The Complex, The Changing and the Indeterminate 1965/ 96
[6] Vgl. Horn /Mapping Hypertext 1989/ 262 ff.
[7] Vgl. Nielsen /Hypertext and Hypermedia 1990/ 106 f.
[8] Vgl. Shneiderman /Hypertext Hand-On! 1989/ XIX

andere Datentypen wie Grafik, Audio und Video enthalten. Wenn diese multimedialen Elemente in das Hypertextsystem integriert werden, spricht man auch von »Hypermedia«, wobei im weiteren Verlauf der Arbeit Hypertext und Hypermedia synonym verwendet werden, da für einen Computer kein Unterschied besteht, ob eine Textdatei oder eine Grafik am Bildschirm dargestellt wird.

2.1.1.3 Navigation in einem Hypertext

Ein Hypertextsystem zeichnet sich durch den computer-basierten Einsatz aus. In konventionellen linearen Texten sind auch Links vorhanden, beispielsweise in Form einer Fußnote in einem Buch. Eine Fußnote stellt einen Verweis auf ein anderes Dokument oder eine Textstelle innerhalb desselben Dokumentes und somit einen Link im oben beschriebenen Sinne dar. Um aber einem durch eine Fußnote repräsentierten Link zu folgen, muß man das angegebene Buch heraussuchen und die Seite finden, auf die in der Fußnote verwiesen wird. Wenn man bei einem Hypertext einen Link aktiviert, übernimmt der Computer die Suche nach dem Knoten und zeigt ihn auf dem Bildschirm an. Die Aktivierung eines Links geschieht durch Manipulation eines Bildschirmbereiches in Form eines »Maus-Klicks«, worauf der Computer das referenzierte Dokument am Bildschirm darstellt. Dabei kann das neue Dokument entweder das alte Dokument ersetzen, in das alte Dokument integriert oder in einem neuen Fenster angezeigt werden.[9] Dabei kann durch einen sogenannten Anker (»Anchor«) festgelegt werden, welcher Teil des Dokumentes angezeigt wird. Dieser Anker ist eine durch den Autor ausgezeichnete Textstelle oder Grafik, die durch einen eindeutigen Namen gekennzeichnet wird. Ist kein Anker in dem Knoten definiert, zeigt der Computer den Anfang des Knotens an. Wenn aber in dem Link ein Anker angegeben wird, stellt der Computer den Knoten ab der durch den Anker definierten Stelle dar.[10] Das Programm zur Nutzung des Hypertextes, zur Darstellung der »Knoten« und zur »Navigation« in dem Hypertext durch Aktivierung der Links bezeichnet man als »Browser«.

Das »Wandern« von Knoten zu Knoten mittels der Links nennt man »Browsen«. Beim Browsen erschließt der Anwender in einem interaktiven Prozeß die Informationen in dem Hypertextsystem und erstellt ein dynamisches Modell der Struktur des Hypertextsystems, welche in dieser Form nicht durch das System explizit vorgegeben wird.[11] Das Browsen kann in vier verschiedene Ausprägungen unterteilt werden:[12]

1. ungerichtetes Browsen
2. gerichtetes Browsen mit Mitnahmeeffekt
3. Browsen mit Serendipity-Effekt
4. assoziatives Browsen

[9] Vgl. Kuhlen /Hypertext: ein nichtlineares Medium 1991/ 15
[10] Vgl. Nielsen /Hypertext and Hypermedia 1990/ 2
[11] Vgl. Rada /Hypertext, multimedia und hypermedia 1995/ 3
[12] Vgl. Kuhlen /Hypertext: ein nichtlineares Medium 1991/ 128 ff.

Beim »ungerichteten Browsen« hat man gar kein beziehungsweise nur ein vages Informationsziel. Man bewegt sich ungezielt in dem Hypertext und versucht zunächst sein eigenes Informationsziel zu konkretisieren.

Beim »gerichteten Browsen mit Mitnahmeeffekt« kennt der Anwender sein Informationsbedürfnis und verfolgt konsequent sein Ziel. Dabei findet er zufällig Informationen, die er zusätzlich aufnimmt.

Wenn man beim gerichteten Browsen in einem Hypertext von einer anderen Information soweit abgelenkt wird, daß man das ursprüngliche Informationsziel vernachlässigt und dieser neuen Information nachgeht, nennt man dies »Browsen mit Serendipity-Effekt«. Hierbei ist die Grenze zwischen kreativer Informationsaufnahme und chaotischem Informationsverhalten fließend.

Beim »assoziativen Browsen« gibt es weder einen gezielten noch einen vagen Informationsbedarf. Der Anwender verfolgt Links, die ihm interessant erscheinen.

In einer Studie von Apple Computer wurde im Rahmen eines Forschungsprojektes festgestellt, daß die Anwender beim Benutzen eines Hypertextes keine konsistente Strategie anwenden. Sie wechseln ständig zwischen den verschiedenen Arten des Browsen, das heißt, sie schauen sich um (ungerichtetes Browsen) und finden dabei interessante Informationen, welche sie dann weiter verfolgen (gerichtetes Browsen). Nachdem dieses Interesse befriedigt wurde, verfallen Sie wieder in ungerichtetes Browsen.[13]

Im Zusammenhang mit dem Browsen steht die Metapher vom »Reisen« oder »Navigieren« durch einen Hypertext. Die Menge der besuchten oder anhand einer bestimmten Systematik ausgezeichneten Links wird als »Pfad« oder »Weg« bezeichnet.[14]

Als Ergänzung zum Browsen besteht die Möglichkeit, in dem Hypertext eine Suchfunktion zu implementieren (»Searching«). Durch die Eingabe eines Suchbegriffs erhält man eine Liste von Links in dem Hypertext, welche als Ausgangspunkt für das Browsen dient. Bei umfangreichen Hypertexten versucht man durch die Verwendung der Suchfunktion die Überfrachtung des Anwenders zu vermindern. Wenn der Anwender weiß, zu welchem Oberbegriff er Informationen wünscht, kann er mittels der Suchfunktion die Zeit zum Auffinden der Informationen verkürzen. Der Anwender muß jedoch wissen, wonach er sucht und welche Möglichkeiten das Suchsystem innerhalb des Hypertextes anbietet.[15]

2.1.1.4 Das mentale Modell

Ein Modell ist eine „...vereinfachende, nur die wesentl. Züge enthaltende Vorstellung...".[16] Ein »mentales Modell« ist also eine Abstraktion von der Realität, welches nur die in einem bestimmten Kontext relevanten Aspekte enthält und in dem Gehirn des Anwenders existiert.

---

[13] Vgl. Laurel /Computers as theatre 1991/ 27 f.
[14] Vgl. McAleese /Navigation and Browsing in Hypertext 1989/ 6 ff.
[15] Vgl. Lease-Morgan /Readability, Browsability and Searchability 1996/ 36
[16] Vgl. Götze /Die neue deutsche Rechtschreibung 1996/ 656

Nach *P. N. Johnson-Laird*[17] gibt es drei grundlegende Eigenschaften von mentalen Modellen:

1. Mentale Modelle müssen berechenbar sein.

2. Ein mentales Modell muß in seiner Größe beschränkt sein.

3. Ein mentales Modell besteht aus einzelnen Bausteinen, die zusammen ein abstraktes Abbild der Realität darstellen.

Donald Norman[18] stellt die folgenden vier Begriffe vor, die bei der Erklärung von mentalen Modellen verwendet werden:

1. Das Zielsystem: Das System, mit dem der Anwender arbeitet.

2. Das konzeptuelle Modell des Zielsystems: Zeigt auf, welche Aspekte für die Implementierung des Zielsystems relevant sind, um die Realität komplett und konsistent zu erfassen.

3. **Das mentale Modell des Anwenders.**

4. **Das vom Autor unterstellte, hypothetische mentale Modell des Anwenders:** Das mentale Modell des Anwenders, welches der Autor als Grundlage bei der Erstellung des Hypertextes unterstellt. (Modell eines Modelles)

Ein Anwender baut ein mentales Modell eines Hypertextes auf, indem er am Anfang ein erstes Modell des Zielsystems konstruiert, welches sich aus angeborenen Modellen, seinen Erfahrungen über früher benutzte Systeme und Vermutungen über das Zielsystem zusammensetzt. Während er den Hypertext benutzt, führt er eine Überprüfung seines mentalen Modelles durch. Dabei überprüft er, ob die bisher gespeicherten Aspekte noch stimmig sind. Gegebenenfalls müssen neue Aspekte hinzugefügt oder alte gelöscht werden. Ein mentales Modell ist niemals fixiert, sondern ändert sich laufend bei Anwendung des Hypertextes. Dadurch kann ein Anwender auch keine Zusammenfassung über die im mentalen Modell gespeicherten Aspekte erstellen.[19]

Mentale Modelle dienen dem Anwender dazu, das Verhalten eines Systems zu erklären und vorherzusehen. Es stellt für ihn die Grundlage dar, weshalb er bestimmte Schritte durchzuführen hat, um ein Ziel zu erreichen.[20]

Bei der Erstellung eines mentalen Modells wird die Verwendung der »Reisemetapher« bei der Navigation in einem Hypertext offensichtlich. Das mentale Modell kann man als Landkarte interpretieren, anhand derer sich der Anwender orientiert. Dabei entsprechen die Knoten eines Hypertextes den Orten auf der Landkarte, und die Links repräsentieren die Straßen zwischen den Orten.[21]

---

[17] Vgl. Johnson-Laird /Mental models 1983/ 398
[18] Vgl. Norman /Some Observations on Mental Models 1983/ 7 f.
[19] Vgl. Johnson-Laird /Mental models 1983/ 408 ff.
[20] Vgl. Rupietta /Mental Models and the Design of User Manuals 1990/ 322 f.

2.1.2 Ziele bei Einsatz eines Hypertextsystems

Bei Einsatz eines Hypertextsystems verspricht man sich Vorteile gegenüber der konventionellen Methode der Wissensdarstellung in Form von linearen Dokumenten. Die Vorteile betreffen hauptsächlich die Anwender von Hypertextsystemen, allerdings ergeben sich auch für die Autoren Vorteile.

Durch den Einsatz von Hypertextsystemen sollen Informationen leichter und schneller gefunden werden, wobei der Anwender selbst entscheiden kann, in welchem Umfang er die Informationen abrufen möchte. Der Anwender kann den Weg durch die Informationen selbst bestimmen, indem er bei Bedarf einem Link beziehungsweise einem Pfad solange folgt, bis sein Informationsbedürfnis befriedigt worden ist. Danach kann er zu einem früheren Punkt zurückkehren und von dort ausgehend weitere Informationen abrufen.

Der Autor hat bei einem linearen Text die Möglichkeit, eventuell noch nicht vorhandenes Wissen, worauf aber in späteren Kapiteln zurückgegriffen wird, in einem Einführungskapitel zu präsentieren. Bei einem Hypertext muß der Autor hingegen davon ausgehen, daß der Anwender nicht alle Seiten durchliest, sondern nur gezielt Seiten ansteuert. Somit kann er keine Annahmen über den Wissensstand des Anwenders treffen, sondern muß dies durch die Einrichtung von Links auf Einführungs- oder Erklärungsseiten für Anwender ohne Grundlagenwissen berücksichtigen. Wenn ein Anwender wenig Hintergrundwissen hat, kann er sich sowohl die grundlegenden als auch die speziellen Informationen anschauen. Ein Anwender mit viel Hintergrundwissen kann die allgemeinen Teilbereiche überspringen und direkt die detaillierten Informationen abrufen. Der Anwender kann und muß die Tiefe der angeforderten Informationen selbst bestimmen.

Da in einem Hypertextsystem nicht nur Texte und Abbildungen, sondern auch Töne oder Videos eingebunden werden können, wird der Informationswert eines Hypertextes erhöht. Durch die größere Attraktivität gegenüber konventionellen Dokumenten verbessert sich zusätzlich der Lerneffekt.

Wenn mehrfach auf bestimmte Informationen verwiesen wird, braucht diese Information nur einmal gespeichert zu werden. Der Autor richtet dann einen Link in einem bestehenden Kontext ein, und damit kann der Leser auf diese Informationen zugreifen, ohne daß sie mehrfach im System abgelegt werden müssen.

Der Hypertext kann durch den Anwender erweitert werden, indem er selbst Links oder Anmerkungen zu den Informationen anlegt. Dadurch kann der Anwender den Hypertext an seine Bedürfnisse anpassen und durch eigene, vom Autor nicht vorgesehene Pfade durch den Hypertext oder mit persönlichen Anmerkungen ergänzen. Dieses Konzept birgt allerdings eine Reihe von Problemen. Wenn ein Hypertext von einem Anwender erweitert und veröffentlicht wird, entstehen Fragen über die Rechte an dem Hypertext. Ebenso stellt sich bei mehreren Autoren die Frage bezüglich der Haftung bei Fehlern und ob überhaupt nachvollziehbar ist, welcher Fehler von welchem Autor eingebracht wurde.

---

[21] Vgl. McAleese /Navigation and Browsing in Hypertext 1989/ 6 ff.

Eine grundlegende Aufgabe des Autors besteht darin, die Einheitlichkeit in der Benutzerführung und in der Präsentation der Informationen zu gewährleisten. Wird allerdings der Hypertext durch einen oder mehrere Benutzer verändert, indem neue Informationen oder Pfade hinzugefügt werden, ist die Gefahr des Konsistenzverlustes des Hypertextes groß. Dann ist auch nicht zu verhindern, daß Informationen doppelt angelegt werden, wenn ein Anwender keinen umfassenden Überblick über die Inhalte des gesamten Hypertextes besitzt.[22]

Durch das elektronische Publizieren wird eine preiswerte und platzsparende Speicherung von Informationen gewährleistet. Zudem ist ein schneller Zugriff auf die Informationen möglich, da ein aktualisiertes Hypertextsystem in einem Netzwerk sofort für alle Anwender verfügbar ist. Die Transportkosten beim Versand werden reduziert, wenn der Hypertext auf einer CD-ROM anstatt in gedruckter Form veröffentlicht wird.[23]

Ein Hypertextsystem basiert auf einer Datenbankstruktur, aus der einzelne Dokumente abgerufen werden. Im Gegensatz zu einer traditionellen Datenbank, in der vorher definierte Datentypen gespeichert werden, muß eine Datenbank für Hypertext flexibel sein, da unterschiedliche Daten in Bezug auf Typ und Umfang mit möglichst großer Flexibilität gespeichert werden müssen.[24]

Zu den technischen Anforderungen an das Hypertextsystem zählt, daß Browser für das Hypertextsystem für möglichst viele Computerplattformen verfügbar sind. Wenn in einer Netzwerk-Umgebung der Zugriff auf den Hypertext durch eine große Anzahl von Anwendern erfolgt, ist eine Datenbank auf Basis des Client-Server-Modells[25] sinnvoll. Um aber auch den Anwendern ohne Netzwerkanbindung den Hypertext auf einem externen Medium (Diskette, Festplatte, CD-ROM) zur Verfügung stellen zu können, muß das Hypertextsystem auch auf Einzelplatzrechnern von diesem Medium lauffähig sein.

Es muß beachtet werden, daß der Einsatz von Hypertextsystemen nicht in allen Fällen sinnvoll ist. Dazu hat *Ben Shneiderman* die sogenannten »Drei goldenen Regeln von Hypertext« aufgestellt, anhand derer beurteilt werden kann, ob die Erstellung eines Hypertextes aufgrund der Struktur der Informationen überhaupt sinnvoll ist:[26]

- eine große Menge von Informationen ist in viele Fragmente aufgeteilt,
- es bestehen Zusammenhänge zwischen den Fragmenten,
- nur ein kleiner Ausschnitt der Informationen wird zu einem bestimmten Zeitpunkt benötigt.

[22] Vgl. Woodhead /Hypertext and Hypermedia 1991/ 70 f.
[23] Vgl. Reddy /Hypertext for Technical Documentation 1990/ 2 f.
[24] Vgl. Nielsen /Hypertext and Hypermedia 1990/ 8
[25] „Die an den Clients arbeitenden Anwender nehmen .. Dienstleistungen vom Server in Anspruch." [Irlbeck /Computer-Englisch 1995/ 128]
[26] Vgl. Shneiderman /Reflections on authoring, editing and managing hypertext 1989/ 115

Kreitzberg/Shneiderman[27] bewerten Texte aus den folgenden Gebieten als besonders geeignet für eine Umsetzung in Hypertext:

- **Einweisungen** – Der Leser wird in ein neues Thema eingeführt und muß sich mit den Kernkonzepten und den Zusammenhängen vertraut machen.

- **Vermerke** – Dokumente die mit vielen Vermerken versehen sind, können in Hypertext besser dargestellt werden, da die Vermerke als Links definiert sind und erst bei der Aktivierung angezeigt werden.

- **Glossare** – Die Eintragungen können nicht nur erklärt werden, sondern durch Querverweise in Form von Links auf verwandte Begriffe/Gebiete kann sich der Anwender umfassender informieren.

- **Problembehebungen** – Die Problemarten werden in einem Hypertext aufgelistet und die Links verweisen auf die Lösungsmöglichkeiten.

- **Organisationsübersichten** – Bei der Erklärung und Darstellung von Verbindungen zwischen verschiedenen Organisationen, beispielsweise die Verbindungen zwischen Bundesrat, Bundestag und Bundesregierung, ist der Einsatz eines Hypertextes zum Verständnis sehr hilfreich.

2.1.3 Probleme bei Hypertextsystemen

2.1.3.1 Darstellung der Problemarten

In der Literatur beherrschen die Probleme der Anwender von Hypertexten die Diskussion, während die Problematik für die Autoren vernachlässigt wird. Auch die Darstellung der Wechselwirkungen zwischen den Problemen von Autor und Anwendern kommt in der Literatur zu kurz. Wenn der Autor Probleme hat, in dem von ihm erstellten Hypertext Informationen zu finden und sich darin zu orientieren, wird dies dem Anwender auch Schwierigkeiten bereiten. Ein schlecht gestalteter Hypertext ist für den Anwender schwer zu lesen und zu nutzen.

Die Probleme bei Hypertexten lassen sich unterscheiden zwischen Implementierungs- und Anwendungsproblemen. Die Implementierungsprobleme entstehen bei der Erstellung des Hypertextes durch den Autor, die Anwendungsprobleme bei der Nutzung des Hypertextes durch den Anwender.

2.1.3.2 Implementierungsprobleme

Bei der Erstellung eines Hypertextes wird der Autor besonders gefordert, da er im Gegensatz zum konventionellen Schreiben zusätzliche Faktoren beachten muß. Bei einem konventionellen Text besteht für den Autor kein Problem, die Makrostruktur des linearen Textes aufzustellen und dem Leser damit einen Wegweiser durch den Text an die Hand zu geben. Zusätzlich besteht für den Leser die Gewißheit, daß er alle Informationen aufgenommen hat, wenn er

---

[27] Kreitzberg, Shneiderman /Restructuring Knowledge 1992/ 174 f.

den Text vom Anfang bis zum Ende durchgearbeitet hat. Bei der Erstellung eines Hypertextes muß der Autor sowohl eine Gliederung des Hypertextes erstellen, an der sich der Anwender orientieren kann, als auch dem Leser vermitteln, welche Informationen überhaupt in dem Hypertext vorhanden sind und wie er zu diesen Stellen gelangen kann.

Der Leser ist abhängig von der Fähigkeit des Autors, die verschiedenen Knoten innerhalb eines Hypertextes zu verknüpfen. Der Autor kann sich nicht damit begnügen, alle Knoten untereinander zu verknüpfen, sondern er muß eine Auswahl gemäß dem späteren Einsatzzweck des Hypertextes treffen. Der Autor muß die Nutzung durch den Anwender antizipieren, [28] wobei dies abhängig von dem konkreten Anwendungsfall unterschiedlich schwierig ist.[29] Bei einer Anleitung zur Fehlersuche ist dies beispielsweise einfach, da es nur eine begrenzte Anzahl von Fehlern gibt, die der Anwender selbst beheben kann. Man präsentiert dem Anwender eine Liste mit den verschiedenen Fehler, und dieser wählt aus dieser Liste den entsprechenden Eintrag aus. Daraufhin wird im die Fehlerlösung am Bildschirm angezeigt. Bei einer Enzyklopädie ist die Antizipation des Benutzerverhaltens jedoch schwierig, da es verschiedene Arten von Informationsbedürfnissen gibt. Wenn der Anwender sich über einen einzelnen Begriff informieren möchte, ist dies genauso einfach wie bei der oben dargestellten Anleitung zur Fehlersuche. Bei einem nicht exakt definierten oder komplexen Informationsbedürfnis ist dies jedoch sehr schwierig, da der Anwender meistens selbst nicht genau weiß, welche Informationen er überhaupt abrufen möchte. Wählt er beispielsweise Informationen über einen themenübergreifenden Komplex, wie die Entwicklung der Raumfahrt unter technischen Aspekten und der politischen Situation in den entsprechenden Ländern, muß der Anwender sowohl Informationen über die in der Raumfahrt engagierten Länder als auch zu der technischen Entwicklung abrufen. Abschließend muß ihm eine vergleichende Gegenüberstellung aller relevanten Informationen präsentiert werden.

Für den Autor stellt die Generierung der Knoten und Links in einem Hypertext ein Problem dar. Er wird mit der Mehrdimensionalität der Informationen und deren Verarbeitung in dem Hypertextsystem überlastet. Dies nennt *Jeff Conklin*[30] »cognitive overhead«. Da es zur Zeit kaum Möglichkeiten gibt, vorhandenen Text automatisch in ein Hypertextsystem zu konvertieren, muß diese Arbeit manuell erledigt werden. Nach *Robert Horn*[31] ist dieser Prozeß sehr arbeitsintensiv. Der Text muß zusätzlich bearbeitet werden, da eine Aufteilung in kleine Einheiten für die Knoten notwendig ist. Die Links zwischen den Knoten müssen definiert und implementiert werden. Die Qualität des Hypertextes muß durch die Einführung von Richtlinien gesichert werden. Zusätzlich muß eine Überprüfung sowohl auf Schreib- als auch auf Logikfehler, wie falsch definierte Links, durchgeführt wird. Diese Aufgaben gibt es analog auch bei der Erstellung von konventionellen Dokumenten. Beim Erstellen von Hypertexten

[28] Vgl. Kapitel 2.1.1.4: Das vom Autor unterstellte, hypothetische mentale Modell des Anwenders.
[29] Vgl. McKnight, Richardson, Dillon /Authoring of Hypertext Documents 1989/ 138 ff.
[30] Vgl. Conklin /Hypertext: An Introduction and Survey 1987/ 40
[31] Vgl. Horn /Mapping Hypertext 1989/ 62 ff.

muß der Autor darüber hinaus auch Fähigkeiten im Bereich von Oberflächendesign und Grafikdesign sowie die speziellen Kenntnisse zum Aufbau eines Hypertextsystems besitzen.

Die Implementierungsprobleme bestehen auch in einer langsamen Abrufgeschwindigkeit der Informationen, die den Anwender durch zu große Verzögerungen frustrieren, und er die Nutzung des Hypertextes abbricht. Desweiteren sind fehlende Browser für Betriebssysteme, Unzulänglichkeiten in der Bedienung oder Programmierfehler bei der Implementierung des Browsers zu nennen. Durch Restriktionen bei der Kennzeichnung von Links, beispielsweise fehlende optische Hervorhebung von Links gegenüber dem restlichen Text, verliert ein Hypertext seinen Nutzen.[32]

2.1.3.3 Anwendungsprobleme

Die Anwendungsprobleme, die beim Einsatz eines Hypertextes auftreten, lassen sich nach *Jeff Conklin*[33] in zwei Hauptprobleme unterteilen, wobei diese Probleme nicht auf Hypertexte beschränkt oder erst durch den Einsatz von Computern entstanden sind:

- Problem der kognitiven Überlast (»cognitive overhead«)
- Problem der Desorientierung (»Lost in hyperspace-Syndrom«)

Der Autor hat beim Erstellen eines Hypertextes eine bestimmte Vorstellung davon, wie der Hypertext aufgebaut und benutzt werden soll, das sogenannte mentale Modell[34]. Den Aufwand um ein mentales Modell aufzubauen bezeichnet man als kognitive Last. Das mentale Modell bildet die Basis für die Strukturierung und Verknüpfung der einzelnen Dokumente eines Hypertextes. Wenn dieses mentale Modell dem Anwender nicht vermittelt werden kann oder der Benutzer kein kompatibles mentales Modell aufbaut, wird die kognitive Last auf den Anwender zu groß und überlastet diesen. Die kognitive Überlast tritt auch auf, wenn ein Anwender beim Browsen durch einen Hypertext gleichzeitig die Textinhalte verstehen und ein mentales Modell von der Struktur des Hypertextsystems aufbauen muß. Diese simultane Auseinandersetzung mit dem Inhalt des Hypertextes und dem Versuch der Orientierung in demselben überlastet den Anwender.

Die Möglichkeit, den Hypertext zu bedienen, hängt direkt von der Fähigkeit des Anwenders ab, ein mentales Modell der Hypertext-Struktur aufzustellen. Durch eine Simplifizierung und Vereinheitlichung der Hypertext-Struktur verringert sich die kognitive Last des Anwenders und die Einarbeitungszeit wird verkürzt.[35]

Das Problem der Desorientierung tritt beim Anwender dann auf, wenn beim Browsen folgende Situationen eintreffen:

---

[32] Vgl. Conklin /Hypertext: An Introduction and Survey 1987/ 38
[33] Vgl. Conklin /Hypertext: An Introduction and Survey 1987/ 38 ff.
[34] Vgl. Kapitel 2.1.1.4
[35] Vgl. Agosti /An Overview of Hypertext 1996/ 31 f.

• Die Struktur und der Umfang der gespeicherten Informationen in dem Hypertext sind unbekannt; dadurch weiß der Anwender nicht, wohin er gehen kann oder ob die gesuchten Informationen in dem Hypertext gespeichert sind.

• Der Anwender weiß nicht mehr, wo er sich im Hypertext befindet.

• Der Anwender weiß nicht, wohin er als nächstes gehen soll.

Diese Mängel müssen jedoch nicht in jedem Hypertext auftreten, sondern sie sind von verschiedenen Einflußfaktoren abhängig. Das Gefühl der Desorientierung ist abhängig von der Größe des Hypertextsystems. Der Verlust der Orientierung steigt tendenziell mit der Größe und Komplexität der Hypertexte. Wenn in großen Hypertextsystemen Orientierungshilfen implementiert werden, verliert der Anwender seltener die Orientierung als in einem Hypertext ohne diese Hilfen.[36] Der Effekt der Desorientierung kann durch Einsatz von grafischen Browsern oder durch Implementation von Such- und Abfragemechanismen verringert werden. Wird in einem Browser die Struktur des Hypertextes grafisch dargestellt, so kann der Anwender seine Position innerhalb des Hypertextes auf dem Bildschirm sehen. Bei dem Einsatz von Such- und Abfragemechanismen kann der Anwender Begriffe eingeben, worauf dann alle Referenzen auf die Knoten am Bildschirm erscheinen, in denen dieser Begriff enthalten ist.

Zu den Problemen des elektronischen Publizierens gehört die schlechte Lesbarkeit von Text auf einem Computerbildschirm. Dies hängt vor allen Dingen von der verwendeten Schrift und der Leistungsfähigkeit der Hardware ab, wie die Auflösung des Bildschirms und die Höhe der Bildwiederholfrequenz. Wenn man Dokumente am Bildschirm liest, kann das Auswirkungen auf die Geschwindigkeit und die Genauigkeit des Lesens, sowie bei langer Nutzungsdauer auf die Ermüdung der Augen haben. In Studien hat sich gezeigt, daß Geschwindigkeitsreduktionen bis zu dreißig Prozent beim Lesen am Bildschirm auftreten.[37] Dieser Effekt tritt vor allem bei Einsatz von veralteter Hardware auf. Bei der Verwendung von grafischen Benutzerschnittstellen mit einer hohen Bildschirmauflösung und Bildwiederholfrequenz, dunkler Schrift auf hellem Grund und der Schriftdarstellung mittels Anti-Alias, das heißt einer Glättung der Schrift durch Einfügen von Graustufenpixel an schrägen Linien, wurden nur vernachlässigbar geringe Unterschiede bei der Lesegeschwindigkeit zwischen Papier und Bildschirm festgestellt. Dieses Resultat der Studie von *Gould u. a.*[38] ist unabhängig vom Alter und einer eventuell vorhandenen Beeinträchtigung des Sehvermögen, die mittels einer Brille oder durch Kontaktlinsen behoben wird.

---

[36] Vgl. McKnight, Richardson, Dillon /Hypertext in Context 1991/ 65 ff.
[37] Vgl. McKnight, Richardson, Dillon /Hypertext in Context 1991/ 45 ff.
[38] Vgl. Gould u. a. /Reading from CRT Displays 1987/ 497 ff.

2.2 Präsentation von Informationen in einem Hypertextsystem

2.2.1 Strukturierung von Textdokumenten zur Generierung von Wissenseinheiten

2.2.1.1 Erzeugung von Kohärenz bei der Transformation

Die Transformation von Dokumenten in ein Hypertextsystem kann in folgende drei Teilaufgaben aufgespalten werden:

- Segmentierung des Dokumentes (außer bei einer identischen Umsetzung ohne Anpassungen) in Informationseinheiten
- Restrukturierung der Segmente nach Kohärenzprinzipien
- Erstellung von Links zwischen den Segmenten

Es muß zum einen eine konsistente Strategie angewendet und zum anderen die intratextuellen Besonderheiten des Originaldokuments beachtet und bei der Transformation mit einbezogen werden. Dabei sind die Kohäsion (»cohesion«), die Kohärenz (»coherence«) und die kohäsive Geschlossenheit eines Textes zu beachten. Unter Kohäsion versteht man eine „… Verkettung von Informationsobjekten, in der Regel auf textuelle Einheiten, z.B. Sätze, angewendet." Die Kohärenz eines Textes wird bestimmt durch die „… semantische und thematische Stimmigkeit von Informationsobjekten, häufig auf Texte oder textuelle Einheiten angewendet …". Unter kohäsiver Geschlossenheit versteht man die Auflösung von impliziten Referenzen entweder direkt, beispielsweise durch Ersetzen eines Pronomens durch sein referenziertes Nomen, oder durch die Erstellung eines Links auf die referenzierte Informationseinheit. Bleiben Informationseinheiten partiell kohäsiv offen, so bezeichnet man dies als Kohäsionsverletzung.[39]

Kohäsion wird in Texten durch die Verwendung von kohäsiven Strukturierungsmitteln, die sowohl auf kontinuierliche (Verwendung von Pronomen), wie auch auf diskontinuierliche Strukturen („… wie im nächsten Abschnitt gezeigt wird …") bezogen sein können. Dadurch wird auch in konventionellen linearen Texten eine Entlinearisierung erreicht, da der Leser zum Verfolgen dieser Referenzen in dem Text blättern muß. Diese Mittel müssen vom Autor beherrscht werden, da eine Kohäsionsverletzung bei konventionellen Texten sehr ärgerlich ist, weil das Blättern im Text den Leser viel Zeit kostet. Um die Kohärenz eines Dokumentes im Ganzen zu erreichen, muß der Autor sicherstellen, daß die einzelnen Einheiten in sich kohärent sind.

Durch die lineare Anordnung der einzelnen Einheiten bestimmt der Autor die Gesamtkohärenz eines konventionellen Dokumentes. Da es sich aber nicht vermeiden läßt, daß zusammengehörige Informationen an verschiedenen Stellen im Dokument plaziert sind, kommen wiederum diskontinuierliche Mittel zum Einsatz. Dies können zum einen die oben erwähnten kohäsiven Mittel sein, oder aber der Autor gibt einen Überblick über ein Thema und behandelt dieses Thema an einer anderen Stelle im Detail. Der Autor muß den Text kohärent und

---

[39] Kuhlen/ Hypertext: ein nicht-lineares Medium 1991/ 335

kohäsiv geschlossen gestalten. Dabei muß er die Aufnahme und die Verarbeitung der von ihm präsentierten Informationen durch den Leser antizipieren. Der Autor kann nicht vorhersehen, wie und in welcher Reihenfolge der Leser die Kapitel durcharbeitet, oder ob der Leser den diskontinuierlichen Pfaden im Text folgt.

Der Autor von konventionellen linearen Dokumenten kann im allgemeinen davon ausgehen, daß der Leser sich sequentiell durch das Dokument bewegt und daher die vorhergehenden Informationen erfaßt und verarbeitet hat. Dies ist bei einem Hypertext aber nicht gegeben, da es keine vorherigen, im Sinne von sequentiell vorher angeordneten, Informationen gibt. Andernfalls würde dies gegen den Grundsatz der Nicht-Linearität des Hypertextes verstoßen. Die Erzeugung von Kohärenz in einem Hypertext ist problematisch, da die oben erwähnten Strukturmittel nicht angewendet werden können, ohne bestimmte Eigenschaften eines Hypertextes zu verletzen. Direkte Referenzen, wie die Pronominalisierung, sollten in einer kohäsiv geschlossenen Hypertexteinheit nicht vorkommen. Diskontinuierliche Referenzen werden in einem Hypertext durch Einrichtung von Links geschaffen. Folglich kann man auch nicht von der Gesamtkohärenz eines Hypertextes sprechen. Die Kohärenz ist schon in konventionellen linearen Texten nicht nur die alleinige Leistung des Autors, sondern basiert auch auf der Rezeptionskompetenz des Lesers. Dies ist umso mehr in Hypertexten der Fall, da hier der Leser bei der Aufnahme der Informationen besonders gefordert wird.[40]

2.2.1.2 Kognitive Einheiten

Bei der Segmentierung des Ausgangsdokumentes entstehen sogenannte kognitive Einheiten, die »chunks«, welche elementare Informationseinheiten darstellen. Ein »chunk« besteht aus verschiedenen Elementen, den »items«. Es ist zu beachten, daß die einem »chunk« zugehörigen »items« in einer niedrigeren Aggregationsstufe selbst wieder »chunks« darstellen können. Nach einer Studie von *George Miller*[41] kann man sieben »items«, plus oder minus zwei »items«, in seinem Kurzzeitgedächtnis speichern. Diese können besser im Gedächtnis behalten werden, wenn sie nach günstigen mnemotechnischen[42] und inhaltlichen Kriterien zu »chunks« zusammengefaßt werden. Diese Zusammenfassung nennt man dann Rekodierung, wobei durch wiederholte Anwendung der Rekodierung auf einzelne »chunks« die Größe des übergeordneten »chunks« erhöht werden kann. In einer Studie von *James MacGregor*[43] wurde diese Aussage überprüft und bestätigt, daß das Kurzzeitgedächtnis auf »chunks« in der Größenordnung von sieben plus oder minus zwei »chunks« begrenzt ist. *James MacGregor* kommt in dieser Studie zu dem Ergebnis, daß bei sechs zu speichernden »items« die optimale Gruppierung von »chunks« folgendermaßen aussieht:

[40] Vgl. Kuhlen/ Hypertext: ein nicht-lineares Medium 1991/ 27 ff.

[41] Vgl. Miller /The Magical Number Seven 1956/ 81 ff.

[42] „Die Bezeichnung eines Objektes ist mnemonisch, wenn sie etwas über die Bedeutung des Objektes aussagt." (Engesser /Duden »Informatik« 1993/ 432) „Mnemotechnik: Kunst, das Gedächtnis durch Lern- oder Gedächtnishilfen zu stärken." (Götze /Die neue deutsche Rechtschreibung 1996/ 656)

[43] Vgl. MacGregor /Short-Term Memory Capacity 1987/ 108

- Drei »chunks« mit zwei »items«

- Zwei »chunks« mit drei »items«

- Sechs einzelne »items«

Die Anzahl von sieben »chunks« die der Mensch in seinem Kurzzeitgedächtnis speichern kann, stellt eine starke Einschränkung der verarbeitbaren Informationen dar, welche bei der Segmentierung eines Dokumentes zu Informationseinheiten beachtet werden muß. Zur Segmentierung in kognitive Einheiten sollten folgende Prinzipien benutzt werden:[44]

- »Chunking Principle«: Informationen in kleine, handhabbare Blöcke aufteilen

- »Relevance Principle«: nur Informationen zu dem Kernpunkt aufnehmen

- »Consistency Principle«: einheitliche Wortwahl und Satzbau verwenden

- »Labeling Principle«: »chunks« nach einheitlichen Kriterien kennzeichnen

2.2.1.3 Strategien bei der Transformation von Text in Hypertext

Bei der Transformation von linearen Textdokumenten in einen Hypertext kann man verschiedene Strategien anwenden, die abhängig von der Größe und dem Inhalt des Originaldokuments sind. Bei der Transformation darf man die Textinhalte und -strukturen nicht einfach imitieren, sondern muß durch eine Anpassung an hypertext-spezifische Merkmale einen Mehrwert schaffen. Durch die Transformation ergibt sich eine Restrukturierung des Ausgangsmaterials. Bei der Transformation kann man sich nach *Rainer Kuhlen*[45] folgender Strategien bedienen:

- Einfache Übertragung

- Segmentierung und Relationierung über formale Texteigenschaften

- Segmentierung und Relationierung über Kohärenzkriterien

- Intertextuelle Konversion

- Einbindung von textuellen Strukturmitteln

Bei der »einfachen Übertragung« werden die Texte identisch in das Hypertextsystem ohne Anpassungen oder Segmentierungen übernommen. Um dem nicht-linearen Charakter eines Hypertext zu entsprechen, werden Links zwischen den verschiedenen Abschnitten innerhalb des Knotens erstellt. Dies stellt die einfachste Möglichkeit der Transformation dar, wobei sich diese Strategie nur bei kurzen Texten anbietet. Bei Anwendung auf umfangreiche Dokumente werden die meisten Vorteile eines Hypertextsystems vernachlässigt, da kein Mehrwert gegenüber der linearen, gedruckten Version des Dokumentes geschaffen wurde.

---

[44] Vgl. Horn /Mapping Hypertext 1989/ 85 ff.
[45] Vgl. Kuhlen/ Hypertext: ein nicht-lineares Medium 1991/ 160 ff.

Wendet man die Strategie zur »Segmentierung und Relationierung über formale Texteigenschaften« an, so wird das Dokument anhand seiner Makrostrukturen, wie Absätze oder Kapitel, segmentiert und in hypertext-gerechte Einheiten transformiert. Diese Makrostrukturen können dann als Grundlage zur Erstellung von informationellen Einheiten dienen, wenn jeder Absatz eines Textes kohäsiv geschlossen ist. Da die Makrostrukturen nur selten kohäsiv geschlossen sind, kann man nicht einfach auf dieser Basis die informationellen Einheiten erstellen, ohne sie vorher manuell in Hinblick auf die Kohärenz des Hypertextes zu bearbeiten.

Der »Segmentierung und Relationierung über Kohärenzkriterien« muß eine Analyse des Ausgangsdokumentes vorangehen, um die zusammenhängenden Textbestandteile zu identifizieren und verknüpfen zu können. In einem linearen Text befinden sich im allgemeinen zusammengehörige Inhalte nicht lokal an einer Stelle, sondern sind über das gesamte Dokument verteilt, beispielsweise aus didaktischen Gründen. Durch die Inhaltsanalyse bietet sich auch die Möglichkeit, Knoten zu generieren, die in dieser Form im Originaldokument noch nicht vorhanden waren.

Die »intertextuelle Konversion« bietet sich an, wenn ein Hypertextsystem aus mehreren verschiedenen Texten generiert werden soll. Vor der Konvertierung muß überprüft werden, ob sich für den Anwender ein informationeller Mehrwert ergibt. Für die einzelnen Texte können die vorher genannten Strategien angewendet werden. Allerdings ist darauf zu achten, daß die dort auftretenden Probleme sich nicht noch verstärken. Es ist daher notwendig, Duplizitäts- und Ähnlichkeitskontrollen durchzuführen, um einen kohärenten Hypertext zu erstellen.

In die Transformation der Dokumente müssen nicht nur die Textbestandteile des Dokumentes, sondern auch die textuellen Strukturmittel, wie Inhaltsverzeichnis oder Glossarien, einbezogen werden.

2.2.1.4 Grundlagen der Textzusammenfassung

Durch die Textzusammenfassung wird eine Menge von Informationen in ihrem Umfang auf die wichtigsten Aspekte reduziert. Bei einem Text unterscheidet man die begriffsorientierten und die zusammenfassenden/referierenden Teile, die bei der Textzusammenfassung mit unterschiedliche Techniken bearbeitet werden. Bei den begriffsorientierten Teilen werden Techniken der Inhaltserschließung, wie Indexierung, angewendet, während bei den zusammenfassenden/referierenden Teilen auf die Techniken der Textzusammenfassung (»Abstracting«) zurückgegriffen wird.[46]

Bestimmte wichtige Aspekte sind bei der Textzusammenfassung zu beachten, die sich in den folgenden Fragen niederschlagen:[47]

1. Wird die mentale Last auf den Leser gemindert?

2. Wird die Kohärenz des Textes erhalten?

---

[46] Vgl. Kuhlen/ Hypertext: ein nicht-lineares Medium 1991/ 89 ff.

[47] Vgl. Alterman /Text Summarization 1992/ 1580

3. Werden die Themen aus dem Originaltext vollständig abgedeckt?

4. Werden die wichtigsten Punkte in der Zusammenfassung aufgeführt?

Eine Textzusammenfassung ist nicht nur kürzer, sondern meistens auch einfacher als der Originaltext, wodurch die mentale Last des Lesers beim Verstehen verringert wird. Es genügt nicht, den Text in quantitativer Hinsicht zu kürzen, sondern er muß gleichzeitig auch kohärent sein. Außerdem dürfen nur die wichtigsten Punkte in der Textzusammenfassung erscheinen. Nebensächliche Stellen müssen gestrichen werden, außer wenn dadurch der Verlust der Kohärenz erfolgt. Die Streichungen dürfen den Inhalt des Originaltextes jedoch nicht verfälschen oder verändern.

Es gibt eine Vielzahl von Strategien bei der Zusammenfassung eines Textes. Die einfachste stellt die »copy-delete«-Strategie dar. Dabei werden die Elemente des Textes nacheinander gelesen und für jedes Element wird entschieden, ob es in der Zusammenfassung erscheint. Bei der Übertragung in die Zusammenfassung wird das Element mehr oder weniger wortwörtlich übernommen (»copy«) und ansonsten gelöscht (»delete«). Eine von *Kintsch/van Dijk* [48] entwickelte Strategie orientiert sich an den Makrostrukturen eines Textes, wobei die Lösch-Regel (»Deletion«), Generalisierungs-Regel (»Generalization«), Auswahl-Regel (»Selection«) und Konstruktionsregel (»Construction«) zum Einsatz kommen. Durch eine Erweiterung dieser „Grundregeln" um eine Integrations-Regel und die Präzisierung der Lösch-Regel durch die Aufteilung in Lösch-Regel 1 und 2, ergeben sich folgende sechs Regeln: [49]

1. **Lösch-Regel 1**: Doppelt vorhandener Text wird gelöscht.

2. **Lösch-Regel 2**: Ausschmückender Text wird gelöscht.

3. **Generalisierungs-Regel**: Eine Aufzählung von Elementen wird durch einen Oberbegriff ersetzt.

4. **Integrations-Regel**: Eine Liste von einzelnen Aktionen wird durch eine übergeordnete Aktion ersetzt.

5. **Auswahl-Regel**: Wähle einen Satz aus, der den Abschnitt zusammenfaßt.

6. **Konstruktions-Regel**: Wenn kein zusammenfassender Satz vorhanden ist, wird einer konstruiert.

Diese Grundregeln sind die Basis für eine Textzusammenfassung, sie stellen aber keine Anleitung für die Erstellung von Textzusammenfassungen dar.

Dies versuchen *Endres-Niggemeyer/Maier/Sigel* [50] und haben den Prozeß der Textzusammenfassung in vier Kernbereichen folgendermaßen organisiert:

---

[48] Vgl. Kintsch, van Dijk /Recalling and Summarizing Stories 1977/ 68 ff.

[49] Vgl. Brown, Day /Macrorules for Summarizing Text 1983/ 2

[50] Vgl. Endres-Niggemeyer, Maier, Sigel /Naturalistic model of abstracting 1995/ 631 ff.

1. Die Textzusammenfassung wird schrittweise durchgeführt, wobei in einem Schritt diverse Strategien angewendet werden. In jedem Schritt gibt es eine übergeordnete Strategie, die das Ziel beschreibt. Die einzelnen Strategien werden aus der sogenannten »intellectual toolbox« ausgewählt, die aus 453 verschiedenen Strategien besteht. Eine Auswahl dieser Strategien inklusive einer kurzen Erklärung ist in Tabelle 1 abgebildet.

2. Jeder Arbeitsschritt der Wissensverarbeitung folgt einem generellen Plan: Die Informationseinheiten des Textes werden geprüft und dann wird entschieden, ob diese Informationseinheiten übernommen oder gelöscht werden.

3. Die Textzusammenfassung ist keine mechanische Arbeit, sondern die Sachkenntnis des Zusammenfassers wird durch allgemeine Fertigkeiten unterstützt. Dazu gehören metakognitive Fähigkeiten, wie Selbststeuerung oder -überwachung, und allgemeine Textverarbeitungskenntnisse, wie Lesen, Schreiben und Denken.

4. Das in einem Arbeitsschritt benötigte Wissen wird durch kognitive Schemata strukturiert, wodurch eine Bearbeitung ermöglicht wird und unerwünschte Faktoren ausgeschlossen werden. Dabei kommen drei quelltext-orientierte Ansichten zur Verwendung: »zu untersuchender Text« (»document surface«), »Dokumenten-Schema« (»document-scheme«) und »Dokumenten-Thema« (»document theme«). In diesen drei Ansichten werden die in dem Text gefundenen Informationen festgehalten.

Für eine Textzusammenfassung wird das Verständnis der Textinhalte vorausgesetzt. Es ist selbstverständlich, daß eine professionelle Zusammenfassung nur dann entsteht, wenn der Zusammenfasser sich in der Materie auskennt und damit die Kernpunkte und Informationen lokalisieren und extrahieren kann. Der Textzusammenfassung geht eine Analyse der äußeren Textform voraus, in der sowohl die Mikro- als auch die Makrostruktur des Textes untersucht werden. Unter der Mikrostruktur eines Textes versteht man beispielsweise Stichworte oder Sätze. Bei der Analyse der einzelnen Texteinheiten betrachtet der Zusammenfasser diese aus verschiedenen Blickwinkeln. Dabei wird zwischen wichtigen Informationen (»nucleus«) und unwichtigen Informationen (»satellite«) unterschieden. Diese Festlegung in »nucleus« und »satellite« ist jedoch nicht eindeutig festgelegt, sondern kann von verschiedenen Personen unterschiedlich bewertet werden.

Bei der Durchführung einer Textzusammenfassung kann man sich eine Tafel vorstellen, auf der die drei quelltext-orientierten Ansichten in abgetrennten Bereichen festgehalten werden.[51] Diesen Ansatz nennt man »Blackboard-Modell«.

---

[51] Vgl. in Abb. 1 den Kasten »document«

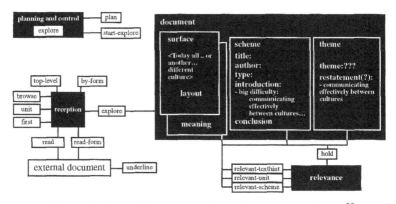

Abb. 1: »Blackboard-Modell« am Anfang der Textzusammenfassung[52]

In dem Bereich »document-scheme« wird die gelesene Texteinheit niedergeschrieben. Dabei kann es jedoch vorkommen, daß nicht ein gesamter Abschnitt eingetragen wird, sondern nur ein Teil. Der Zusammenfasser liest oft selektiv, also nicht alle Sätze hintereinander, sondern beispielsweise nur den ersten und den letzten Satz intensiv. Den Text dazwischen überfliegt er und liest nur bei bestimmten Stichwörtern den kompletten Satz. Der Teil mit dem »document-scheme« enthält die vom Zusammenfasser festgehaltene Struktur des Textes. Er weiß erfahrungsgemäß, daß sich ein Text aus einem Titel, einer Einleitung, der Zusammenfassung und weiterer Bestandteile zusammensetzt. Diese Bereiche werden zum Teil auch schon durch die äußere Form des Textes offensichtlich. Im Abschnitt über das »document theme« wird das Thema des Textes von dem Zusammenfasser niedergeschrieben und im Laufe der Analyse ständig erweitert oder verändert.

In Abb. 1 wird ein »Blackboard-Modell« am Anfang der Textzusammenfassung gezeigt. Alle in den Abbildungen verwendeten Strategien sind entweder in der Tabelle 1 zu finden oder werden im Text erklärt. In der Planungsphase wird festgestellt, daß der Text unbekannt ist und deshalb mit dem Lesen und Verstehen des Textes begonnen werden muß (Strategie »start-explore«). Daraufhin werden zur Rezeption des Textes verschiedene Strategien angewendet, die um den »reception«-Kasten angeordnet sind. Im Laufe der Erkundung des Textes werden in den Kästen »document-surface«, »document-scheme« und »document-theme« Informationen von dem Zusammenfasser abgelegt. In diesem Schritt wurden die wichtigen Stellen im Text durch Unterstreichungen (Strategie »underline«) markiert und ein erster Überblick über den Text generiert.

52 Vgl. Endres-Niggemeyer, Maier, Sigel /Naturalistic model of abstracting 1995/ 653

Metakognitive Strategie:	*first:* Anfänge der Texteinheiten untersuchen

Metakognitive Strategie:

tech: Technische Probleme lösen

Kontroll-Aktivitäten:

plan: nächsten Schritt planen

Allgemeine intellektuelle Fähigkeiten:

read: sequentiell im Text lesen

cancel: Texteinheit löschen

underline: Texteinheit unterstreichen

inference: schließe eine im Text vorhandene Aussage aus dem expliziten Wissen

Fachkenntnis eines Zusammenfassers:

explore: Teildokument untersuchen

hold: Texteinheit für die spätere Verarbeitung markieren

by-form: der äußeren Gestalt des Dokumentes folgen

first: Anfänge der Texteinheiten untersuchen

reorganize: Text so umformulieren, daß er in den Kontext paßt

relevant-texthint: benutze vom Autor vorgegebene Hinweise im Text um relevante Informationen zu finden

relevant-scheme: markiere Textstellen als relevant, die in Bezug zur äußeren Gestalt des Textes stehen

relevant-call: markiere Textstellen als relevant, die in einem direkten Bezug zur thematischen Struktur des Textes stehen

pattern: benutze einen vorformulierten Text

construct: erzeuge einen Zusammenfassungsabschnitt

readymade: übernehme eine Passage aus dem Text wortwörtlich

Tabelle 1: Übersicht einer Auswahl von Strategien aus der »intellectual toolbox«

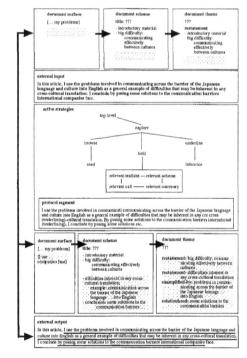

Abb. 2: Darstellung der verschiedenen Ansichten bei der Themafindung[53]

Der Vorgang der Erfassung des Dokumententhemas ist in Abb. 2 grafisch dargestellt. Diese Darstellung ist vergleichbar mit den Notizen des Zusammenfassers während seiner Arbeit und der von ihm angewandten Strategien. Die im oberen Teil abgebildeten drei Kästen sind in vorherigen Schritten gefüllt worden. Die gepunkteten Rechtecke zeigen die in diesem Schritt zu ergänzenden Stellen. Der Zusammenfasser bearbeitet einen »external input«, den er durch die im Kasten »active strategies« abgebildeten Strategien bearbeitet. Der Bereich »protocol segment« zeigt ein Protokoll der von ihm verarbeiteten Schritte, inklusive der Lesefehler („…cre cross…") und der von ihm durchgeführten Handlungen („…(underlining)…"). Dieses Protokoll wurde anhand von Tonbandaufnahmen rekonstruiert, welche die laut ausgesprochenen Gedankengänge des Zusammenfassers während der Textzusammenfassung aufgezeichnet haben. Abschließend werden die drei grafisch hervorgehobenen Ansichten im unteren Teil der Abbildung durch die neu gewonnenen Informationen ergänzt.

In dem dritten Schritt wird nun der weitere Text untersucht, um zusätzliche Informationen über den Textinhalt zu sammeln (siehe Abb. 3). Die um den Kasten »reception« gruppierten Strategien zeigen die Behandlung des zu untersuchenden Textes auf. Der an jedem Anfang eines Abschnittes stehende Text wird anhand der Strategie »top-level« verarbeitet, indem der Zusammenfasser diesen Abschnitt liest und erarbeitet (Strategien »browse«, »read« und »explore«). Dabei werden wichtige Stellen unterstrichen und durch die verschiedenen »relevance«-Strategien weiterbehandelt. Die erarbeiteten Informationen werden durch die »hold«-Strategie übernommen und dann im »knowledge processing«-Schritt durch die Strategie »inference« weiterbearbeitet. Somit erhält man die in dem Text relevanten Informationen zur weiteren Ausformulierung des Kernsatzes.

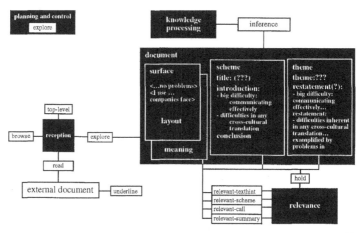

Abb. 3: Ausweitung der Suche nach Informationen im »Blackboard-Modell«[54]

---

[53] Vgl. Endres-Niggemeyer, Maier, Sigel /Naturalistic model of abstracting 1995/ 655

Der Kernsatz des Textes wird im vierten Schritt generiert. Nun werden die zu dem Text festgehaltenen Notizen und die Unterstreichungen benutzt (Strategien »refreshed« und »marked«), um die Zusammenfassung zu erstellen. Die Konstruktion und die Formulierung wird mittels diverser Strategien unterstützt. Bei der Formulierung greift der Zusammenfasser auf vorformulierte Passagen zurück, die er aus dem Originaltext kopiert und nur dem Kontext entsprechend umformuliert (Strategien »readymade«, »pattern« und »reorganize«). Gegebenenfalls formuliert er die Sätze auch selber, wenn er beispielsweise mehrere relevante Informationen in einem Satz zusammenfassen möchte (Strategie »form-increment« und »formulation«). Jetzt wird die Zusammenfassung unter Verwendung der Strategien »write«, »space« und »cancel« niedergeschrieben. Das entsprechende »Blackboard-Modell« wird in Abb. 4 dargestellt.

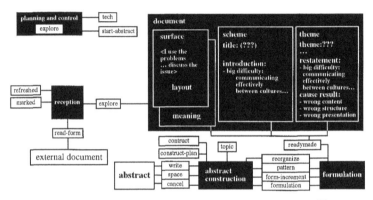

Abb. 4: Generierung des Kernsatzes im »Blackboard-Modell«[55]

Anhand dieser vier Schritte werden die bei der Erstellung eines Kernsatzes notwendigen Leistungen des Zusammenfassers aufgezeigt. Die Zerlegung der Schritte in die einzelnen Komponenten und die Zusammenhänge zwischen den verschiedenen Strategien zeigen die mit einer Textzusammenfassung einhergehende Komplexität. Daher erfordert eine gute Zusammenfassung einen Experten in dieser Disziplin. Die einzelnen Strategien und deren Gebrauch sind jedoch einfach zu erlernen und zu bewältigen, so daß ein Zusammenfasser durch häufige Verwendung der Strategien und dem damit verbundenen Lerneffekt seine Effizienz steigern kann.

2.2.2 Gestaltung der Benutzerschnittstelle

2.2.2.1 Das Konzept von Benutzerschnittstellen

Um einen Computer überhaupt bedienen zu können, benötigt man als Anwender eine Möglichkeit, dem Computer seine Befehle mitzuteilen und die dadurch ausgelösten Aktionen des

---

[54] Vgl. Endres-Niggemeyer, Maier, Sigel /Naturalistic model of abstracting 1995/ 665

[55] Vgl. Endres-Niggemeyer, Maier, Sigel /Naturalistic model of abstracting 1995/ 671

Computers zu beobachten. Diese Kommunikation zwischen Anwender und Computer wird durch das sogenannte »User-Interface« (»Benutzerschnittstelle«) ermöglicht. Die häufig anzutreffende deutsche Übersetzung »Benutzeroberfläche« greift zu kurz, da mit »Interface« die Funktion einer Schnittstelle zwischen Mensch und Computer ausgedrückt wird, und dieser Aspekt in dem Begriff »Oberfläche« nicht zur Geltung kommt.

Die Benutzerschnittstellen können entweder durch Verwendung von ASCII-Text (American Standard Code for Information Interchange) oder grafischen Objekten entworfen werden. Beispielsweise beschreibt der zu dem SAA-Standard (System Application Architecture) gehörenden CUA-Standard (Common-User-Access) von IBM (International Business Machines) den Aufbau der Bildschirmmasken, die Mausfunktionen, die Positionierung von Nachrichten, die Belegung der Funktionstasten, den Aufbau von Hilfsbildschirmen, die Art der Dateneingabe und die farbliche Gestaltung der Bildschirmausgabe.[56] Damit war es erstmalig möglich, auch unter dem Betriebssystem DOS (Disk Operating System) von Microsoft eine einheitliche Benutzerschnittstelle auf Basis von ASCII-Zeichen zu generieren, wie dies beispielsweise von der Firma Borland bei ihrem Produkt Turbo-Pascal eingesetzt wurde.[57] Die Anwender erhielten die Möglichkeit, Befehle aus einer Menüleiste auszuwählen, bei der die verfügbaren Befehle erst nach der Aktivierung des Menüpunktes in der Menüzeile sichtbar werden.

Die grafische Benutzerschnittstelle (Graphical User-Interface oder GUI) basiert nicht auf einer ASCII-Textdarstellung, sondern die verschiedenen Objekte, wie Fenster oder Menüs, werden durch Rasterpunkte erzeugt. Die Bedienung erfolgt durch eine Computer-Maus, durch die ein Zeiger gesteuert und die verschiedenen Funktionen aktiviert werden können. Die grafische Benutzerschnittstelle hat sich heutzutage als Standard durchgesetzt und es gibt inzwischen nur noch wenige Betriebssysteme, die auf diesen Vorteil verzichten. Die Vorteile liegen vor allem in der einfacheren Bedienbarkeit durch eine Computer-Maus gegenüber Tastatureingaben und in der WYSIWYG-Präsentation (»What You See Is What You Get«), das heißt die Darstellung auf dem Bildschirm entspricht der späteren Druckausgabe.

2.2.2.2 Anforderungen an eine Benutzerschnittstelle

Die Benutzerschnittstelle soll dem Anwender „… ein einfaches, angenehmes und damit gleichzeitig effizientes und fehlerarmes Arbeiten …"[58] ermöglichen. *Aaron Marcus*[59] zählt folgende fünf Schlüsselkomponenten auf, um dieses Ziel zu erreichen:

1. Verwendung einer einfach zu verstehenden Metapher

2. Optimale Abstimmung zwischen Daten, Funktionen, Werkzeugen, Rollen und Anwendern

---

[56] Vgl. Corzelius /Alles unter einem Dach 1989/ 162

[57] Vgl. Zerbe /Turbo-Pascal 1989/ 122

[58] Raasch /Systementwicklung mit Strukturierten Methoden 1993/ 24 f.

[59] Vgl. Marcus /Graphic Design for Electronic Documents and User Interfaces 1992/ 118

3. Implementierung eines effizienten Navigationsschemas für das mentale Modell

4. Optimale Darstellung aller Elemente der Benutzerschnittstelle

5. Effiziente Abarbeitung von Befehlssequenzen

Die Anforderungen an eine ergonomische Benutzerschnittstelle hat *Ben Shneiderman*[60] in seinen sogenannten »Acht goldenen Regeln des Dialogdesigns« zusammengestellt:

1. Konsistenz im Sinne von Wiederholbarkeit der Arbeitsschritte, einheitliche Terminologie bei der Kommunikation mit dem Benutzer und einheitliche Befehlsstrukturen

2. Angebot von Abkürzungen für erfahrene Anwender (Tastaturkürzel)

3. Visuelle und/oder akustische Rückmeldungen aufgrund von Aktionen des Anwender

4. Entwurf von abgeschlossenen Dialogen, das heißt eine Sequenz von Arbeitsschritten muß einen definierten Start- und Endpunkt besitzen, so daß dem Anwender klar ist, daß diese Aktion abgeschlossen ist und mit der nächsten Aktion begonnen werden kann

5. Einfache Fehlerbehandlung, das heißt die Ausgabe der Fehlermeldungen im Klartext anstatt nur einer Fehlernummer, sowie dem Anwender die Möglichkeit zur Fehlerbehebung zu gewähren

6. Aktionen des Anwenders sollen einfach rückgängig gemacht werden, entweder in Form eines »Rückgängig«-Befehls oder im Falle von Hypertexten durch die Verfügbarkeit einer »Zurück«-Taste

7. Benutzergeführte Eingaben, das heißt dem Benutzer das Gefühl der Kontrolle über den Computer zu vermitteln, und nicht das Gefühl entstehen zu lassen, vom Computer kontrolliert zu werden

8. Geringe Belastung des Kurzzeitgedächtnisses, entweder durch übersichtliche Menüs oder einen einfachen Bildaufbau

Diese acht Regeln sind allgemein gehalten und stellen keine festen Regeln dar, sondern müssen dem Anwendungszweck entsprechend interpretiert werden.

Die Konsistenz bei dem Entwurf der Benutzerschnittstelle stellt die wichtigste Komponente dar. Da sich jedoch im Bereich der Computer die Rahmenbedingungen ständig ändern, ist die Aufrechterhaltung von Konsistenz schwierig. Durch ständige Neuerungen kann man niemals eine vollständige Konsistenz beibehalten. Stattdessen sollte man sich auf die wichtig-

---

[60] Vgl. Shneiderman /Designing the user interface 1992/ 72 f.

sten Aspekte konzentrieren. *Bruce Tognazzini*[61] stellt zwei Prinzipien vor, die oft vernachlässigt
werden:

- **Eine einheitliche Interpretation des Anwenderverhaltens ist wichtiger als das
  konsistente Verhalten des Systems oder der Systemobjekte:** Wenn Änderungen
  am Aussehen von Systemobjekten durchgeführt werden, muß der Anwender dies
  neu lernen und kann das System zuerst nicht wie gewohnt benutzen. Dieser
  Nachteil wird aber von den Anwender akzeptiert. Die Änderung eines Tastaturkürzel, mit dem vorher ein neuer Ordner angelegt wurde, in der neuen Version
  aber die Festplatte formatiert wird, verwirrt und verärgert den Anwender und
  stellt somit keine akzeptable Lösung dar.

- **Wenn man eine Änderung vornimmt, dann eine umfangreiche und auffällige:**
  Bei einer Neugestaltung wird oft davor zurückgeschreckt, große Änderungen
  durchzuführen, so daß der Anwender die Benutzung des Programms erneut erlernen muß. Wenn jedoch die Meldung „Möchten Sie die Änderungen sichern?"
  abgeändert wird in „Möchten Sie die Änderungen nicht sichern?", so ist dies eine
  kleine, unauffällige Änderung. Ein erfahrener Benutzer wird den Text aber nicht
  intensiv lesen, da er an den Wortlaut der ersten Meldung gewöhnt ist. Deshalb
  wird er die Meldung routinemäßig positiv bestätigen, wobei er alle Änderungen
  verliert.

Bruce Tognazzini kommt zu dem Schluß, daß man die Benutzerführung komplett ändern darf,
solange der Benutzer die erlernten Regeln und unterbewußten Verhaltensweisen weiterhin
benutzen kann.

Um dem Anwender die Nutzung eines Systems zu erleichtern, wurden die Konzepte der
direkten Manipulation (»Direct-Manipulation Interfaces«) und der Begriff der Metapher im
Zusammenhang mit der Benutzerschnittstelle eines Computers eingeführt.

Der Anwender kann anhand der folgenden Interaktionsstile seine Befehle an den Computer weiterleiten: Frage und Antwort, Menüleiste, Formulareingabe, Kommandosprache,
natürliche Sprache und direkte Manipulation. Dabei werden unterschiedliche Leistungen
eines Anwenders nicht durch die verschiedenen Interaktionsstile, sondern aufgrund eines besseren Designs der Benutzerschnittstelle beeinflußt. Im Zuge der grafischen Benutzerschnittstellen wurden die Anwendung der direkten Manipulation eingeführt. Mit direkter
Manipulation ist gemeint, daß die verfügbaren Befehle durch grafische Objekte (»Icons«)[62]
repräsentiert werden, die bei einer Manipulation bestimmte Aktionen des Computers auslösen. Dies geschieht dadurch, daß ein Zeiger mittels eines Eingabegerätes, wie einer Maus oder
eines Grafiktabletts, über dem Icon plaziert wird und dann durch Knopfdruck die mit dem
Icon verbundene Aktion auslöst.[63]

---

[61] Vgl. Tognazzini /Consistency 1990/ 75 ff.
[62] „Icon: Symbol, Piktogramm, Sinnbild" [Irlbeck /Computer-Englisch 1995/ 315]

Ben Shneiderman[64] stellt das Prinzip der »Direct-Manipulation Interfaces« vor, woraus drei Prinzipien resultieren, die bei der Gestaltung zu beachten sind:

1. Ständige Darstellung der verfügbaren Objekte und Aktionen.

2. Physische Interaktion mit dem Computer oder Drücken von gekennzeichneten Knöpfen anstatt komplizierter Kommandos.

3. Fehlerhafte Schritte können rückgängig gemacht werden und dies wird direkt am Bildschirm angezeigt.

Es gibt eine Reihe von Problemen, die bei der Nutzung von »Direct-Manipulation Interfaces« auftreten können. Durch den Platzbedarf der verschiedenen Objekte der Benutzerschnittstelle muß die Darstellung der eigentlichen Informationen mit weniger Fläche auf dem Bildschirm auskommen. Wenn dadurch der Platz für alle wichtigen Informationen nicht ausreicht, muß der Anwender entweder scrollen[65], oder die Informationen müssen auf zwei Seiten verteilt werden. Dies führt jedoch zu einer schlechteren Aufnahme der Informationen.

Es kann für den Anwender auch schwierig sein, die Bedeutung der Icons zu verstehen. Da der Platz auf dem Bildschirm zur Darstellung der Icons begrenzt ist, muß der Designer versuchen, deren Bedeutung auf geringem Raum wiederzugeben. Dies kann jedoch für die unterschiedlichen Anwender, vor allem bei Anwendern aus verschiedenen Kulturkreisen, sehr schwierig sein, so daß diese Benutzer die Bedeutung der Icons erst erlernen müssen. Desweiteren kann die Darstellung der Objekte den Benutzer zu Fehlschlüssen über die Funktion verleiten. Dies ist dann der Fall, wenn ein Icon analog einem realen Objekt entworfen wurde, die Funktionsweisen jedoch unterschiedlich sind. Der Anwender geht von der Verfügbarkeit einer aus der realen Welt gewohnten Funktion aus, aber der Computer unterstützt diese Operationen nicht.

Die geringe Ausführungsgeschwindigkeit ist vor allem für erfahrene Benutzer ein Problem. Den Mauszeiger mit der Maus zu einer Menüzeile zu bewegen und dann per Klick einen Menübefehl zu aktivieren dauert länger, als wenn eine Tastaturkombination gedrückt wird. Für einen Anfänger oder einen neuen Benutzer wird jedoch durch die Unterstützung der Maus die Benutzung des Systems vereinfacht.

Um dem Anwender die Arbeit mit Benutzerschnittstellen zu erleichtern, werden Metaphern verwendet, um einen Bezug zwischen der Realität und dem zu nutzendem System herzustellen und eine Begriffswelt einzuführen, die das dahinterstehende Konzept versinnbildlicht. Dabei steht der Begriff der Metapher nicht für ein einzelnes Bild, sondern für ein ganzes Netzwerk von Begriffen und Assoziationen. Bei Hypertexten kann man Metaphern von einem Buch, einer Bibliothek, einer Reise mit oder ohne Führer, einem Kompaß, einem

---

63 Vgl. Galitz /User-interface screen design 1993/ 25 ff.

64 Vgl. Shneiderman /Designing the user-interface 1992/ 202 ff.

65 „Bewegen des Bildschirminhalts in vertikaler o. horizontaler Richtung."
    [Irlbeck /Computer-Englisch 1995/ 552]

Film bis hin zu einem Netzwerk verwenden.[66] Der Vorteil einer Metapher stammt von der weitverbreiteten und natürlichen Verwendung im menschlichen Denken und in der Sprache. In der Theorie soll eine Benutzerschnittstelle, die eine Metapher aus der Realität benutzt, einfacher zu bedienen sein, da der Anwender die verschiedenen Möglichkeiten der Nutzung kennt. Dies stellt jedoch dann ein Problem dar, wenn die Benutzerschnittstelle entsprechend der Realität gestaltet wird, aber unterschiedliche oder zusätzliche Funktionen aufweist. Der Anwender weiß aber nicht genau, inwieweit sich die Funktionalitäten unterscheiden. Dem Vorteil der einfachen Erlernbarkeit steht die höhere mentale Belastung beim späteren Gebrauch gegenüber. Für einen Anfänger ist die Verwendung einer Metapher eine nützliche Einstiegshilfe, aber bei der späteren Anwendungen des Systems wird ein erfahrener Anwender auf Inkonsistenzen zwischen Metapher und Implementierung stoßen, die er durch Veränderungen an seinem mentalen Modell kompensieren muß.[67]

2.2.2.3 Anwenderorientierung bei der Gestaltung einer Benutzerschnittstelle

Bei der Entwicklung einer Benutzerschnittstelle muß der Anwender des zu entwickelnden System im Mittelpunkt der Betrachtung stehen. Dies wird oft vernachlässigt, da der technische Aspekt bei der Programmerstellung im Vordergrund steht und dem Anwender beziehungsweise der Benutzerführung nur wenig Beachtung geschenkt wird. Die folgenden fünf Punkte bestimmen nach *Wilbert Galitz*[68] die Komplexität eines Programms im Hinblick auf eine erschwerte Anwendbarkeit:

1. **Inkonsistentes Design**: Befehle mit der gleichen Funktionalität werden unterschiedlich bezeichnet, beispielsweise »Speichern« und »Schreiben«.

2. **Ungewöhnliches Design**: Die der Benutzerschnittstelle zugrundeliegende Metapher wird nicht verwendet, oder neuartige Bedienelemente verwirren den Benutzer und sein mentales Modell.

3. **Verwendung von Jargon**: Das System verwendet für den Anwender unbekannte Wörter und Phrasen. Der Anwender muß erst eine für ihn neue Sprache lernen, um das System bedienen zu können.

4. **Unterschiede bei der Anwendung**: Man kann ein Ergebnis auf verschiedene Arten erreichen oder die Ergebnisse einer Handlung variieren in Abhängigkeit vom Zeitpunkt der Durchführung.

5. **Verschiedenheit der Problemlösungsstrategien**: Ein Mensch lernt nach den Prinzipien »Learning by Doing« und »Trial and Error«. Wenn ein Anwender während der Benutzung des Hypertextes lernt, wie er diesen bedienen muß, um Informationen abzurufen, ohne die Bedienungsanlei-

---

[66] Vgl. Woodhead /Hypertext and Hypermedia 1991/ 128 f.
[67] Vgl. Laurel /Computers as theatre 1991/ 128 ff.
[68] Vgl. Galitz /User-interface screen design 1993/ 10

tung zu studieren, nennt man dies »Learning by Doing«. Wenn ein Anwender auf ein Problem stößt, wird er nicht im Handbuch nach der Lösung seines Problems suchen. Er wird stattdessen versuchen, selbst eine Handlungsfolge zu finden. Verfolgt er das Prinzip »Trial and Error«, dann versucht er sein Ziel mit selbstgewählten Schritten zu erreichen. Wenn ein Fehler auftritt, wird er den letzten Schritt rückgängig machen und nach einem neuen Weg zu seinem Ziel suchen. Dieses Verhalten widerspricht jedoch der Funktionsweise eines Computerprogramms, das auf Fehlervermeidung programmiert ist.

Treten diese Fehler auf, werden bestimmte negative Reaktionen beim Anwender erzeugt, wie Konfusion, Frustration oder Langeweile. Dies kann vom teilweisen Verzicht auf die Benutzung des Systems bis hin zur totalen Zurückweisung durch den Benutzer führen.[69]

Bei der Konzeption eines Systems wird dem späteren Einsatzzweck meistens zu wenig Aufmerksamkeit geschenkt. Man betrachtet beispielsweise nur einen kleinen Ausschnitt der Umgebung, in der das System eingesetzt wird und bedenkt nicht, daß es außerdem noch vor- und nachgelagerte Aktionen gibt. Bei der Gestaltung der Benutzerschnittstelle vergessen die Entwickler, daß sie selbst nicht die typischen späteren Anwender der Systeme sind. Dies ist vielleicht am Anfang der Fall, aber im Laufe der Zeit verhindert das profunde Sachverständnis der Systemabläufe, daß sie es wie typische Anwender benutzen. Zudem sind die Entwickler selbstbewußt, während die Anwender dem System oft ängstlich gegenüberstehen.[70]

Daher stellt *Wilbert Galitz*[71] vier grundlegende »Gebote« für den Prozeß der Benutzerschnittstellengestaltung auf:

1. Verstehe die Anwender und deren zu lösende Aufgaben!

2. Beziehe den Anwender in das Design mit ein!

3. Teste das System mit den späteren Benutzern!

4. Verfeinere die Schnittstelle, wenn es erforderlich ist!

Der erste Punkt ist das am häufigsten vernachlässigte und auch das schwierigste Ziel. Man muß ein Profil des späteren Benutzers erstellen und die Aufgaben definieren, die er mit dem System lösen möchte. Die Schwierigkeit liegt in der eingeschränkten Voraussicht, welche Anwender das System später benutzen werden. Wird das System jedoch von einem breiten Anwenderkreis benutzt, ist es unmöglich, auf alle Bedürfnisse und Anliegen der Benutzer einzugehen. Dann ist es wichtig, die zu lösende Aufgabe exakt zu analysieren und zu verstehen, um dann das System zu optimieren. Dazu ist es wichtig, den Benutzer so früh wie möglich in die Entwicklung mit einzubeziehen, so daß wichtige Verbesserungsvorschläge in das System

[69] Vgl. Galitz /User-interface screen design 1993/ 11
[70] Vgl. Rheingold /An Interview with Don Norman 1990/ 7 ff.
[71] Vgl. Galitz /User-interface screen design 1993/ 16 f.

integriert werden können. Durch den Test des Systems mit den späteren Anwendern kann man erkennen, wo die Stärken und Schwächen des Systems liegen und bei der weiteren Entwicklungsarbeit die Schwächen eliminieren. Dies sollte solange wiederholt werden, bis das System einem vorher festgelegten Wert der Benutzerzufriedenheit entspricht, beispielsweise die Beschränkung der Fehlerrate bei der Benutzung auf unter fünf Prozent.

Donald Norman[72] führt dazu ebenfalls kritisch aus: „... focus on the task, not the tools." Nach seiner Meinung konzentriert man sich zu stark auf das Design und die Verbesserung der Benutzerschnittstelle und nicht auf den Anwender. Die Verbesserung der Benutzerschnittstelle folgt aber automatisch aus der Fokussierung auf die Aufgabe und die Bedürfnisse der Anwender.

2.2.3 Gestaltung der Elemente einer Benutzerschnittstelle

2.2.3.1 Aufteilung der Bildschirmfläche in verschiedene Bereiche

Bei der Gestaltung der Benutzerschnittstelle müssen im Rahmen der Anwenderorientierung bestimmte Voraussetzungen geschaffen werden, um eine einfache Benutzung zu ermöglichen. Dazu gehören die Aufteilung der Bildschirmfläche in verschiedene Bereiche, der Einsatz von Typographie und die Verwendung von Farbe und Icons. Dies sind wichtige Parameter für die Lesbarkeit und die Geschwindigkeit der Informationsaufnahme der am Bildschirm präsentierten Daten.

Bei der Aufteilung der Bildschirmfläche für die Darstellung der verschiedenen Informationen gilt es nach *Wilbert Galitz*[73] drei Aspekte für eine optimale Gestaltung zu beachten: Einfachheit, Übersichtlichkeit und Verständlichkeit. Empirische Studien[74] belegen, daß beim Betrachten eines Bildschirms der Anwender gewöhnlich zuerst in die linke obere Ecke blickt, und sich der Blick dann schnell im Uhrzeigersinn über den Rest des Bildschirms bewegt, wobei die Informationen immer von links nach rechts aufgenommen werden. Die Informationen in der linken oberen Ecke werden also zuerst gefunden und die in der rechten unteren Ecke zuletzt. Daher sind die primären Informationen zur Navigation möglichst in der linken oberen Ecke zu plazieren. Gleichzeitig ist auf die Einheitlichkeit in der Aufteilung des Bildschirms zu achten. Die Informationen innerhalb der einzelnen Bereiche müssen immer an derselben Stelle plaziert werden, beispielsweise die Menüzeile am oberen Rand und darunter der Eingabebereich. Dann weiß der Anwender bei der Befehlseingabe, daß sich die Menüleiste am oberen Bildschirmrand befindet und nicht an einem anderen Platz auf dem Bildschirm. Dadurch wird auch die kognitive Belastung des Anwenders vermindert.

Die Struktur der Bildschirmdarstellung (Layout) muß auf einem Raster basieren, um die Attribute für ein grafisch ansprechendes Design zu erfüllen. Dem Anwender fällt meistens nicht auf, daß das Layout auf einem Raster basiert, aber die Orientierung an einem Raster erhöht die Lesbarkeit und vereinfacht die Aufnahme der Informationen. Die folgenden Attribute muß

---

[72] Vgl. Norman /Why Interfaces Don't Work 1990/ 218
[73] Vgl. Galitz /User-interface screen design 1993/ 59 ff.
[74] Vgl. Galitz /User-interface screen design 1993/ 61 ff.

man beachten:[75] Ausgeglichenheit, Regelmäßigkeit, Symmetrie, Vorhersagbarkeit, Sparsamkeit, Einheitlichkeit in der Reihenfolge und Aufteilung. Die Ausgeglichenheit wird erreicht, indem man beispielsweise den Titel im oberen Teil des Bildschirms zentriert darstellt und die Spalten darunter mit den Informationen ausgeglichen gestaltet, das heißt sie haben dieselbe horizontale und vertikale Ausbreitung. Wenn man die Elemente auf dem Bildschirm immer an denselben Stellen gemäß einem vorher aufgestellten Plan plaziert, kann der Anwender sich diese Stellen merken, und er findet durch die Regelmäßigkeit auf allen Bildschirmen sofort zurecht. Durch diese Regelmäßigkeit wird auch die Vorhersagbarkeit bestimmt, die durch den übergeordnete Plan beim Layout festgelegt wird. Symmetrie wird durch eine axiale Duplizität erreicht, das heißt bei der Darstellung eines Textes in mehreren Spalten ist die Formatierung identisch, beispielsweise linksbündig und mit rechtem Flatterrand, und ändert sich nicht in jeder Spalte. Durch die Darstellung einer begrenzten Anzahl von Informationen auf dem Bildschirm soll der Anwender unterstützt werden, die Informationen schnell aufzunehmen und zu verarbeiten, ohne durch zuviele Informationen überfrachtet zu werden. Den Platz um die einzelnen Bereiche mit Informationen bezeichnet man als »active white-space«, da der freie Bereich aktiv den Anwender unterstützt, die Informationen zu lokalisieren und aufzunehmen. Im Gegensatz dazu steht der »passive white space«, der zwar auch die Informationen voneinander abgrenzt, aber keine Vereinfachung der Informationsaufnahme bewirkt.[76] Durch die Ausgewogenheit in der Informationsdichte kann der Anwender die Informationen direkt aufnehmen und verarbeiten, was sich auch in einer höheren Rezeptionsgeschwindigkeit niederschlägt. Die Einheitlichkeit in der Reihenfolge bezieht sich auf die Positionierung der Informationen entsprechend ihrer Wichtigkeit. Durch diese Positionierung kann der Anwender gemäß einer logischen Reihenfolge die Informationen aufnehmen. Zusammengehörige Elemente müssen derart gruppiert werden, daß dem Anwender klar ist, welche Informationen zusammengehören und welche nicht. Dies kann man durch einen Rahmen um die Informationen erreichen. Dadurch wird die Einheitlichkeit in der Aufteilung des Bildschirms erreicht.

2.2.3.2 Einsatz von Bildschirmschriften

Eine wichtige Funktion für die Bedienungsfreundlichkeit stellt die Verwendung von Bildschirmschriften (Typographie) dar. Durch die Wahl einer Schrift kann man die Lesbarkeit maßgeblich beeinflussen. Dabei hängt die Lesbarkeit sowohl von der verwendeten Schrift als auch von dem Bildschirm-Layout ab. Man unterscheidet zwischen den Schriftausprägungen »Serif« und »Sans Serif«. »Serif«-Schriften, beispielsweise »Times«, besitzen geschwungene oder eckige Endstriche, wohingegen die Endstriche von »Sans Serif«-Schriften, beispielsweise »Helvetica«, gerade sind. Durch die geschwungenen Endstriche soll dem Auge geholfen werden, die Grundlinie einer Zeile zu erkennen und unterbewußt diese Grundlinie als Orientierungshilfe zu verwenden. Dadurch soll die Lesbarkeit von großen Textabschnitten verbessert

[75] Vgl. Galitz /User-interface screen design 1993/ 64 ff.
[76] Vgl. Brockmann /Writing better computer user documentation 1986/ 75

werden. »Sans Serif«-Schriften werden häufig für Überschriften verwendet, in letzter Zeit jedoch auch häufig für umfangreiche Texte. Die Unterschiede zwischen »Serif«- und »Sans Serif«-Schriften bezüglich der besseren Lesbarkeit tendieren in die Richtung der »Serif«-Schriften. Einen größeren Einfluß hat jedoch das Layout und damit die Größe der Schrift und die gewählte Zeilenbreite. Im Optimalfall beträgt die Größe der Schrift zwischen neun und zwölf Punkt, und die Zeilenlänge zwischen vierzig und sechzig Zeichen pro Zeile betragen.[77] Um eine höhere Lesegeschwindigkeit zu ermöglichen, muß als Formatierung des Textes linksbündig gewählt werden, mit einem Flatterrand auf der rechten Seite. Eine Studie von *Trollip/Sales*[78] zeigt, daß durch diese Formatierung die Lesegeschwindigkeit gegenüber dem Blocksatz, das heißt der Text ist am linken und am rechten Rand ausgerichtet und die Worte dazwischen werden gleichmäßig verteilt, erhöht wird.

2.2.3.3 Gestaltung der Benutzerschnittstelle mit Hilfe von Farbe

Der Einsatz von Farbe bietet einerseits eine Reihe von Möglichkeiten, die Bedienung sowohl zu vereinfachen als auch angenehmer zu gestalten. Andererseits ist die Anwendung komplex und es geschieht schnell, daß der umgekehrte Effekt eintritt. Eine Farbe setzt sich aus verschiedenen Komponenten zusammen, die durch Rezeptoren in den Augen aufgenommen und im Gehirn in Farbinformationen umgewandelt werden. Eine Farbe setzt sich aus den einzelnen Komponenten Farbton (»Hue«), Sättigung (»Chroma«) und Leuchtkraft (»Value«) zusammen. Durch den Einsatz von Farbe ergeben sich folgende Vor- und Nachteile:[79]

- + **Formatierung von Informationen**: Gruppierung oder Differenzierung von Informationen erzeugen; Verbindung räumlich getrennter Informationen kennzeichnen; Aufmerksamkeit auf bestimmte Informationen lenken.

- + **Farbe als visuelle Kennung**: Identifizierung der verschiedenen Elemente der Benutzerschnittstelle und der logischen Struktur von Abläufen oder Prozessen; Vermittlung des Status von Informationen.

- + **Allgemeine Einsatzzwecke**: Naturgetreue Darstellung von Objekten; angenehme Gestaltung der Benutzerschnittstelle zur Motivation der Anwender.

- – **Ablenkung durch den Einsatz von Farbe**: Unterschiede in der Farbgebung verunsichern den Anwender, wenn diese Unterschiede ohne Bedeutung für die Interpretation der Informationen sind; Informationen werden mit der gleichen Farbe gekennzeichnet, obwohl kein Zusammenhang zwischen diesen Informationen besteht.

- – **Wahlloser und mangelhafter Einsatz von Farbe**: Wirksamkeit von Farbe wird eingeschränkt, wenn der Einsatz von Farbe willkürlich auf verschiedenen Bildschirmen wechselt, so daß der Anwender über die Bedeutung der Farbe rätselt und das Potential von Farbe zur Erregung von Aufmerksamkeit verschenkt wird.

---

[77] Vgl. Marcus /Graphic Design for Electronic Documents and User Interfaces 1992/ 29 ff.

[78] Vgl. Trollip, Sales /Readability of Fill-Justified Text 1986/ 159 ff.

[79] Vgl. Galitz /User-interface screen design 1993/ 427 ff.

– Unterschiede in der Möglichkeit des Auges, verschiedene Farben wahrzunehmen und die in diesem Zusammenhang auftretende Ermüdung der Augen: Das Auge reagiert empfindlicher auf Farben aus der Mitte des Farbspektrums, Grün und Gelb, als auf Farben aus den Extremen, Blau und Rot.

– Behinderungen der Farbwahrnehmung: Farbenblindheit tritt bei etwa acht Prozent der Männer und 0,4 Prozent der Frauen auf, besonders häufig die Rot-Grün-Blindheit.

– Kultur- oder Fachrichtungs-übergreifende Unterschiede: Eine Farbe hat unterschiedliche Bedeutung in unterschiedlichen Kulturkreisen oder Fachrichtungen. Beispielsweise hat die Farbe Blau für Kinogänger die Bedeutung von Zärtlichkeit und für Finanzexperten Zuverlässigkeit, oder die Farbe Blau bedeutet für Pflegepersonal Tod und für das Personal in einem Atomkraftwerk Wasser.

Die Verwendung von Farbe im Zusammenhang mit Text- und Hintergrundfarbe wird kontrovers diskutiert. *Matthews/Lovasik/Mertins*[80] stellen in einer Studie fest, daß bei Einsatz einer qualitativ hochwertigen Hardware keine Ermüdungserscheinungen der Augen im Zusammenhang mit der Farbwahl für Vorder- und Hintergrund auftreten. Bei dieser Studie haben sich auch keine deutlichen Unterschiede in Bezug auf Lesegeschwindigkeit, Reaktionszeiten oder Genauigkeit gezeigt. Die Studie von *Travis u. a.*[81] ergibt, daß jedes Farbenpaar für die Text- und Hintergrundfarbe geeignet ist, solange ein hoher Kontrast in der Leuchtkraft und/oder der Sättigung zwischen den verwendeten Farben besteht. Da bei einem Monitor die Leuchtkraft einfacher zu beeinflussen ist, schlagen *Travis u. a.* ein Kontrastverhältnis von fünfzig Prozent zwischen der Leuchtkraft der verwendeten Farben vor.

Zusammenfassend läßt sich sagen, daß die Verwendung von Farbe gewichtige Vorteile mit sich bringen kann, wenn auf die Planung und Erstellung von Richtlinien für die Einhaltung eines konsistenten und konsequenten Einsatzes von Farbe ausreichend Zeit verwendet wird. Dem entsprechend hat *Aaron Marcus*[82] die folgenden Richtlinien für den Einsatz von Farbe in Form der »Zehn Gebote der Farbe« aufgestellt:

1. **Benutze maximal sieben plus oder minus zwei Farben:** Diese Aussage stützt sich auf die Anzahl der im Kurzzeitgedächtnis speicherbaren »chunks«, die schon in Kapitel 2.2.1.2 erklärt wurde. Der Einsatz von Farbe muß jedoch vorsichtig vorgenommen werden. Für unerfahrene Benutzer sollte man sich auf vier verschiedene Farben beschränken. Wenn man eine Hierarchie der Bildschirmobjekte durch Farben kenntlich machen möchte, bietet sich die Auswahl gemäß dem Farbspektrum (rot, orange, gelb, grün, blau, indigo, violett) an. In Tests hat es sich gezeigt, daß ein Anwender, entsprechend der Reihenfolge der Farben von rot nach violett, diese intuitiv

---

[80] Vgl. Matthews, Lovasik, Mertins /Visual Performance and Subjective Discomfort 1989/ 259 ff.

[81] Vgl. Travis u. a. /Reading from Color Displays 1990/ 147 ff.

[82] Vgl. Marcus /Graphic Design for Electronic Documents and User Interfaces 1992/ 82 ff.

den verschiedenen Schichten auf dem Bildschirm von vorne nach hinten zuordnet.

2. **Benutze zusammenpassende zentrale und periphere Farben:** Die Farbe Blau darf nicht für Text oder dünne Linien benutzt werden, da die im Auge befindlichen Rezeptoren für die Farbe Blau zahlenmäßig am geringsten sind. Daher empfiehlt sich die Anwendung von Blau für den Bildschirmhintergrund. Die Farben Rot und Grün müssen im Bildschirm-zentrum benutzt werden und nicht in den Randbereichen, da die äußeren Bereiche im Auge für die Farben nicht empfindlich genug sind.

3. **Benutze für eine in der Größe variierende Fläche eine Farbe, deren Farbton und/oder die subjektiv wahrgenommene Größe der Fläche sich so gering wie möglich verändert:** In Abhängigkeit von der Größe einer Farbfläche und der gewählten Hintergrundfarbe scheint sich deren Farbton und Leuchtkraft zu verändern. Durch diesen Effekt kann es vorkommen, daß der Anwender bei einer ungeeigneten Farbwahl unterschiedliche Farben als gleichwertig ansieht und umgekehrt. Bei einer schlechten Wahl zwischen Hintergrundfarbe und der Farbe von Flächen im Vordergrund kann der subjektive Eindruck entstehen, daß die Flächen eine unterschiedliche Größe haben, obwohl sie von den Ausmaßen identisch sind. Der Kontrast zwischen Textfarbe und Hintergrundfarbe muß so groß wie möglich gewählt werden, um diesen Effekt zu unterdrücken.

4. **Vermeide den Einsatz einer Farbkombination mit extremen Spektralfarben:** Bei Grafiken kann es zum Auftreten von Flimmern, Schattenwurf und Schattenbildern kommen, wenn man die Farbenpaare Rot/Grün, Blau/Gelb, Grün/Blau und Rot/Blau für Linien oder feine Strukturen einsetzt.

5. **Benutze dem Anwender vertraute Farbkodierungen zur qualitativen Auszeichnung:** Bei der Verwendung von Farbe als Kodierung für eine Aussage, beispielsweise die Farbe Rot für Gefahr, sollte beachtet werden, daß ohne Hinweis auf die Bedeutung der Farbe eine Fehlinterpretation durch den Anwender möglich ist.

6. **Benutze die gleiche Farbe für Gruppen:** Dies soll dem Anwender helfen, auf einen Blick zusammengehörige Gruppen von Informationen schnell zu identifizieren und auszuwerten.

7. **Benutze die gleichen Farben in allen Medien:** Die Farben sollten während des gesamten Systemlebenszyklus nicht verändert werden und sowohl auf dem Bildschirm wie auch auf anderen Medien, beispielsweise Video oder Handbücher, identisch aussehen.

8. Benutze zum Signalisieren Farben mit hoher Leuchtkraft und Farbton: Durch die Verwendung von hellen Farben wird die Aufmerksamkeit des Anwenders erregt.

9. Benutze sowohl die Farbe als auch die Form von Bildschirmobjekten zum Vermitteln von Informationen: Durch die Form soll einem Anwender, der die Farbinformationen nicht auswerten kann, eine Hilfestellung an die Hand gegeben werden, die Informationen trotzdem auszuwerten. Diese redundante Kennzeichnung unterstützt außerdem auch die normalen Anwender, falls durch veränderte Umgebungseinflüsse Farbtonschwankungen auftreten, da die Informationen nun ebenfalls über die Form ausgewertet werden können.

10. Benutze Farbe, um die Bildschirmarbeit angenehmer zu gestalten: Ein Anwender arbeitet lieber mit einem farbigen System als mit einem monochromen.

Wie an dem Umfang der Empfehlungen und dem breiten Spektrum an Vor- und Nachteilen bei dem Einsatz von Farbe zu erkennen ist, kann man keine generelle Empfehlung für Farbkombinationen geben, die immer zu guten Ergebnissen führt. Dazu sind zu viele Einflußfaktoren zu beachten, sowohl die Art der darzustellenden Informationen als auch Umweltbedingungen, die außerhalb des Einflußbereiches des Entwicklers liegen, wie die Qualität und Farbkalibrierung des Monitors oder die Umgebungshelligkeit. Die Farben können nicht isoliert von den anderen Faktoren, sondern müssen immer im Kontext gewählt werden. *Gitta Salomon*[83] schlägt vor, dem Anwender verschiedene Farbschemata anzubieten, die von erfahrenen Designern zusammengestellt wurden. Aus diesen kann der Anwender dann das für ihn am besten geeignete Schema auswählen. Es hat sich gezeigt, daß Anwender zu einem übermäßigen Gebrauch von Farbe neigen, wenn sie die Farbe der Objekte selbst einstellen können.

2.3 Auswahl eines Hypertextsystems für die exemplarische Umsetzung

2.3.1 Kriterien an ein Hypertextsystem

Waren in der Anfangszeit der Hypertext-Forschung nur wenige Hypertextsysteme verfügbar, was auch mit der geringen Rechnerleistung und Verbreitung von Computern zusammenhängt, gibt es inzwischen eine Vielzahl solcher Systeme. Die verschiedenen Hypertextsysteme unterscheiden sich in so vielen Aspekten, daß nun die Kriterien an ein Hypertextsystem festgelegt werden müssen, die für den praktischen Teil dieser Arbeit zur Demonstration benutzt wird. Die folgenden Kriterien definieren die Anforderungen an die Hypertextsysteme, die zur Bewertung und späteren Auswahl herangezogen werden:

---

[83] Vgl. Salomon /New Uses for Color 1990/ 272 ff.

1. Möglichkeit zur Kombination von Text und Grafiken

2. Möglichkeit zur Interaktion mit dem Anwender

3. Lauffähigkeit sowohl über ein Netzwerk als auch lokal von einem Speichermedium

4. Höhe des Wartungsaufwandes

5. Plattformunabhängigkeit der Browser

Auf dieser Basis sollen die folgenden Hypertext-Entwicklungsumgebungen bewertet werden: FrameMaker von Adobe, HyperCard von Apple Computer, sowie Hyper-G und HTML. Es gibt noch einige andere Entwicklungsumgebungen, die entweder hauptsächlich in der Forschung eingesetzt werden, wie Augment oder Xanadu,[84] oder aber nicht plattformübergreifend lauffähig sind und daher ausgeschlossen wurden. Ebenso wird reinen Hochsprachen wie C++ keine Beachtung geschenkt, da die Erstellung und besonders die Wartung eines solchen Systems zu aufwendig ist.

2.3.2 FrameMaker

FrameMaker von Adobe steht für die Gruppe der Software, die bei Textverarbeitung beziehungsweise DTP (Desktop-Publishing)[85] zum Einsatz kommt, und aus deren Dokumenten dann durch Konvertierung ein Hypertext generiert wird. FrameMaker ist ein Programm für technische Autoren und die Buchproduktion, da es sich stark an strukturierten Dokumenten orientiert. Es ist auf allen gängigen PC-Plattformen lauffähig und bietet mit dem FrameViewer ein plattformübergreifendes Werkzeug zum Lesen von FrameMaker-Dokumenten. Um einen Hypertext in FrameMaker zu erzeugen, werden Marken im Text abgelegt, durch die ein Link definiert wird. Zusätzlich zu Textpassagen können auch Grafiken als Link markiert werden. Es ist somit möglich, vorhandene Dokumente in eine Hypertext-Form zu bringen, ohne jedoch eine Aufteilung des Dokuments in mehrere kleine Teile durchzuführen. Es wird immer der gesamte Text als einzelnes Hypertext-Dokument gespeichert, welcher nach der Überführung in das FrameViewer-Format nicht mehr editiert werden kann. Es können keine Interaktionen des Benutzers verarbeitet werden, wie das Ausfüllen eines Formulars. Die Benutzung von FrameMaker-Hypertexten wird auf das Lesen beschränkt.[86] Somit kann man die Ergebnisse zu Textverarbeitungssystemen als Grundlage für die Hypertextentwicklung anhand der zuvor definierten Kriterien folgendermaßen beschreiben:

1. Die Einbindung von Text und Grafik ist möglich.

2. Die Möglichkeit zur Interaktion mit Anwendern ist nicht gegeben.

---

[84] Vgl. Conklin /Hypertext: An Introduction and Survey 1987/ 22 ff.

[85] „Mit Hilfe [eines] DTP-Programms werden Texte sow. Grafiken verbunden u. layouttechnisch aufbereitet." [Irlbeck /Computer-Englisch 1995/ 213]

[86] Vgl. Branagan, Sierra /The Frame Handbook 1994/ 395 ff.

3. Der Hypertext ist in einem Netzwerk oder lokal lauffähig.

4. Die Höhe des Wartungsaufwandes besteht aus dem Einfügen der Marken zur Verfügungstellung von Links in dem späteren Hypertext.

5. Die Browser sind auf den gängigen Plattformen verfügbar.

2.3.3 HyperCard

Mit HyperCard von Apple Computer, welches ab Ende der 8oer Jahre mit allen neuen Macintosh Computern kostenlos ausgeliefert wurde, war die erste weit verbreitete Hypertext-Entwicklungsumgebung verfügbar, die einfach zu programmieren war und von vielen Anwendern auch außerhalb der Forschung eingesetzt wurde. Dies führte dazu, daß eine Vielzahl von Hypertexten auf Basis von HyperCard entwickelt wurden.

Ein Hypertext in HyperCard besteht aus einem sogenannten »Stack«, der eine Sammlung von »Cards« darstellt. Diese »Cards« enthalten ein Dokument, welches aus Text und Grafiken bestehen kann. Auf diesen »Cards« können auch vom Anwender Daten eingegeben werden, so daß die Interaktion mit dem Anwender möglich ist. Bei Aktivierung eines »Button« wird eine andere »Card« angezeigt.[87] Da HyperCard nur auf einem Apple Macintosh lauffähig ist, gibt es für andere Betriebssysteme keinen Browser. Auch der Betrieb im Netzwerk ist eingeschränkt, da ein »Stack« nur dann von mehreren Anwendern geöffnet werden kann, wenn er schreibgeschützt ist. Es können dann keine Änderungen vorgenommen werden. Änderungen der Verknüpfungen zwischen den einzelnen »Cards« und zwischen verschiedenen »Stacks« sind aufwendig, da alle Verweise im Quellcode der Programmiersprache von HyperCard angepaßt werden müssen.[88] Abschließend kann man zu der Erfüllung der Kriterien festhalten:

1. Die Einbindung von Text und Grafiken ist möglich.

2. Die Interaktion mit dem Anwender ist möglich.

3. Die Hypertexte sind lokal ohne und im Netzwerk nur mit Einschränkungen lauffähig.

4. Die Wartung und Aktualisierung der Hypertexte ist aufwendig.

5. Der Browser ist plattformspezifisch implementiert.

2.3.4 HTML

HTML und damit die Basis für das WWW wurde von *Tim Berners-Lee* im Jahre 1989 ursprünglich geschaffen, um Informationen zwischen Physikern schnell austauschen und publizieren zu können. Dabei sollten drei Neuerungen eingeführt werden: eine einheitliche Oberfläche, ein Zugriff auf die Dokumente sollte von allen Punkten eines Netzwerkes möglich sein, und der zugrundeliegende Dokumententyp sollte Querverweise unterstützen.[89]

---

[87] Vgl. Hall, Davis, Hutchings /Rethinking Hypermedia 1996/ 16 ff.
[88] Vgl. Günther /Das neue Macintosh-HyperCard 2.0 1990/ 194 ff.
[89] Vgl. Soethe /Intranets mit HTML und Netscape 1996/ 22

Dabei wurden am Anfang die Informationen mittels eines rein textorientierten Browsers abgerufen. Die Bedienung war umständlich, da die Benutzer die Kommandos per Tastatur dem Computer mitteilen mußten. Erst die Entwicklung des »Mosaic«-Browsers durch die NCSA (»National Centre of Supercomputing Applications« an der Universität von Illinois) ermöglichte ein einfaches Abrufen von HTML-Dokumenten unter einer grafischen Oberfläche. Seither kann man unter einer einheitlichen Oberfläche von jedem beliebigen Ort auf das WWW und damit auf HTML-Dokumente zurückgreifen, ohne kryptische Unix-Kommandos zu lernen. Das ist die Grundlage für die enorme Popularität des WWW in der jüngsten Zeit.

Die Seitenbeschreibungssprache HTML läßt sich formal gesehen als eine Ableitung aus dem SGML-Standard (Standard Generalized Markup Language) darstellen. SGML ist ein internationaler Standard der ISO (International Organization for Standardization) und dient vor allen Dingen der plattformübergreifenden und einheitlichen Kodierung von Dokumenten. Das Ziel ist die Unterstützung eines einfachen Datenaustausches. Durch eine sogenannte DTD (Document Type Definition) wird eine Auszeichnungssprache definiert, so daß in SGML verfaßte Dokumente mittels dieser DTD in die anderen Auszeichnungssprachen konvertiert werden können.[90]

HTML wird ständig weiterentwickelt und um neue Eigenschaften ergänzt. Durch die rasante Entwicklung von HTML werden die Browser ständig den jeweiligen neuen Erweiterungen von HTML angepaßt und sind für alle gängigen Plattformen verfügbar. In einem HTML-Dokument können die verschiedene Datentypen Text, Grafik, Video und Audio integriert werden. Der Vorteil von HTML liegt in der großen Flexibilität in Bezug auf die Einbindung von Datentypen und deren Präsentation für den Anwender, der unter seiner gewohnten grafischen Oberfläche die Hypertext-Dokumente angezeigt bekommt. Durch einen Mausklick aktiviert der Anwender die Links und bewegt sich durch das Hypertextsystem.

In HTML besteht die Möglichkeit, Formulare anzulegen, und somit den Anwender interaktiv in das System einzubeziehen. Durch die Einbindung von JavaScripts, welche plattformunabhängig lauffähig sind, kann die Interaktivität noch weiter gesteigert werden. JavaScript ist eine objektorientierte Programmiersprache, die HTML um die Möglichkeit erweitert, Funktionen zu programmieren und Zugriff auf die Objekte des Browsers zu erhalten.[91]

Bei der Wartung der mittels HTML erzeugten Hypertexte entsteht ein hoher Aufwand, da alle Links manuell abgeglichen werden müssen. Die rasante Entwicklung der Softwarewerkzeuge zur HTML-Entwicklung läßt jedoch absehen, daß dieser Aufwand in naher Zukunft erheblich sinken wird. Die Aktualisierung der Links wird dann automatisch von den HTML-Editoren durchgeführt und die Entwicklung damit erheblich erleichtert.

Damit ergibt sich für eine Hypertextentwicklung mittels HTML:

---

[90] Vgl. Tolksdorf /Die Sprache des Web: HTML 3 1996/ 7 f.
[91] Vgl. Koch /JavaScript 1997/ 2

1. Die Einbindung von Texten und Grafiken ist möglich.

2. Die Interaktion mit dem Anwender kann auf verschiedene Arten erreicht werden.

3. Sowohl für die Verwendung in einem Netzwerk als auch von einem lokalen Speichermedium geeignet.

4. Es besteht ein hoher Wartungsaufwand, der aber durch die Unterstützung von Softwarewerkzeugen reduziert werden kann.

5. Die Browser für HTML sind für alle Plattformen verfügbar.

2.3.5 Hyper-G

Das Konzept von Hyper-G merzt einige Schwachstellen von HTML aus, ist aber noch nicht so weit verbreitet und es fehlen Browser für diverse Computer-Plattformen, welche die Vorteile von Hyper-G unterstützen. Eine Vielzahl der Ideen der Informationssysteme Gopher[92], WAIS (Wide Area Information System)[93] und HTML sind in die Entwicklung von Hyper-G eingeflossen. Hyper-G liegen die folgenden Konzepte zugrunde:[94]

- Hilfen zur Orientierung und Navigation werden durchgängig angeboten und müssen nicht für jeden Knoten separat programmiert werden.

- Die Dokumente werden in einer Datenbank und nicht wie in HTML als einzelne Dateien gespeichert.

- Links existieren als eigene Objekte in der Datenbank und sind bidirektional implementiert. Eine graphische Darstellung der Abhängigkeiten zwischen den Dokumenten ist somit möglich.

- Hyper-G-Clients verfügen über die Möglichkeit, Links interaktiv einzufügen.

- Eine Benutzerverwaltung und die Vergabe von Zugriffsrechten sind integriert.

- Hyper-G ist kompatibel zu anderen Internet-basierten Diensten wie Gopher, WAIS und HTML.

Eines der Hauptprobleme ist die fehlende Suchmöglichkeit innerhalb von Hypertexten, welche auf HTML basieren. Dieses Problem wird durch Hyper-G gelöst, da alle Dokumente in einer Datenbank gespeichert werden, in der eine Volltext-Suche über alle gespeicherten Dokumente möglich ist. In Hyper-G sind die Links bidirektional implementiert, das heißt sie verweisen sowohl auf den nachfolgenden als auch auf den aufrufenden Knoten. Die Links werden

---

[92] „... menügesteuertes Hilfsprogramm, mit dem sich auf Datenbestände im Internet zugreifen läßt, ohne daß hierfür die jeweilige Internet-Adresse bekannt sein muß." [Irlbeck /Computer-Englisch 1995/ 283]

[93] „Software im Internet, die zum Abrufen von Informationen aus Datenbanken konzipiert ist, die über das Internet v erteilt sind." [Irlbeck /Computer-Englisch 1995/ 673]

[94] Vgl. Dalitz, Heyer /Hyper-G 1995/ 19 ff.

nicht in den Dokumenten selbst, sondern in einer separaten Datenbank gespeichert. Dadurch wird eine automatische Konsistenz und Integrität der Daten gewährleistet. Der Wartungsaufwand ist durch dieses Konzept ebenfalls gering. Mit speziellen Hyper-G-Browsern ist es möglich, die gespeicherten Dokumente zu ändern und über eine »3D-Landschaft« der gespeicherten Dokumente zu „fliegen", wobei auch eine zweidimensionale Darstellung der gespeicherten Dokumente automatisch generiert werden kann.[95]

Die Erfüllung der Kriterien einer Entwicklung auf Basis von Hyper-G läßt sich folgendermaßen zusammenfassen:

1. Eine Einbindung von Text und Grafiken ist möglich.

2. Die Interaktion mit dem Anwender ist möglich.

3. Hyper-G ist wie HTML sehr gut für den Netzwerkeinsatz geeignet, läßt sich jedoch nur auf leistungsfähigen Computern auch lokal abrufen, da ein Datenbank-Server zwingende Voraussetzung ist und dieser gleichzeitig mit dem Browser auf demselben Computer laufen muß. Damit wird aber der Einsatz auf die Plattformen begrenzt, für die der Server verfügbar ist.

4. Der Wartungsaufwand ist von allen betrachteten Möglichkeiten am geringsten.

5. Die Browser sind nicht für alle Plattformen verfügbar. Stattdessen lassen sich HTML-Browser benutzen. Bei deren Einsatz kommen die Vorteile von Hyper-G nicht zur Geltung, da nur lesender Zugriff auf die Dokumente möglich ist und die zusätzlichen Eigenschaften eines Hyper-G-Systems nicht nutzbar sind.[96]

2.3.6 Auswahl eines Hypertextsystems

Aufgrund der oben dargelegten Gründe muß abgewogen werden, ob HTML oder Hyper-G für die exemplarische Umsetzung in Kapitel 3 dieser Arbeit verwendet wird. Die anderen Alternativen FrameMaker, HyperCard und damit verwandte Produkte beinhalten zu starke Restriktionen bezüglich der oben definierten Kriterien, so daß diese nicht in die engere Auswahl gelangten.

HTML und Hyper-G stellen die neueren Entwicklungen dar, die im Zusammenhang mit dem Internet bekannt wurden. Aus technischer Sicht ist das Konzept hinter Hyper-G durchdachter und unterstützt die meisten der idealtypischen Ausprägungen von Hypertext, die im Kapitel 2.1 dieser Arbeit dargestellt wurden. Es ist allerdings nicht sehr weit verbreitet und daher ist die Unterstützung durch Softwarewerkzeuge sehr begrenzt.

---

[95] Vgl. Flohr /Hyper-G Organizes the Web 1995/ 59 ff.
[96] Vgl. Dalitz, Heyer /Hyper-G 1995/ 34 ff.

Eine gravierende Einschränkung ist die Basierung auf einer Client-Server-Datenbank, so daß eine lokale Nutzung von CD-ROM oder Festplatte nur auf den Systemen möglich ist, für die diese Datenbank implementiert wurde. Der Vorteil von HTML liegt darin, daß die Hypertexte sowohl über eine Client-Server-Verbindung, als auch lokal von einem Speichermedium mittels eines Browsers ohne Änderungen abgerufen werden können.

Als die dem WWW zugrundeliegende Sprache besitzt HTML eine sehr große Verbreitung. Die Sprache wird vom W3-Konsortium (W3C) standardisiert. Erweiterungen der Sprache müssen dem W3C zugesendet werden, die dann über eine Übernahme in die offizielle Version beraten. Die Unterstützung durch Softwarewerkzeuge wächst beständig. Gleichzeitig verbessert sich die Qualität der Werkzeuge, so daß man davon ausgehen kann, daß bestimmte Nachteile, wie der hohe Wartungsaufwand, in Zukunft durch intelligente Software gemildert werden. Es sind zahlreiche Editoren für jede Computer-Plattform verfügbar, wobei in den Browsern von Netscape und Microsoft einfache Editoren schon enthalten sind. Eine Verbesserung und erhöhte Flexibilität bei der Interaktion mit dem Anwender kann durch die Einbindung von JavaScripts in die HTML-Dokumente erreicht werden.

Die Wahl für die Basis der praktischen Umsetzung in Kapitel 3 fällt zugunsten von HTML aus. Dabei sind als wichtigste Kriterien die weite Verbreitung, die Standardisierung durch eine zentrale Organisation und die Möglichkeit des lokalen Zugriffs auf die Hypertexte zu nennen. Desweiteren entfallen viele der Nachteile von HTML gegenüber Hyper-G durch die dynamische Weiterentwicklung der Sprache HTML und eine stetig wachsende Werkzeugunterstützung. Die Verwaltung der Hyperlinks in einer Datenbank bei Hyper-G zur Vermeidung von sogenannten »Dangling Links«, das heißt der Verweis auf ein nicht mehr existierendes Dokument, wird zunehmend in die Software-Werkzeuge zur Erstellung von HTML-Hypertextsystemen integriert.

3 Exemplarische Umsetzung von linearen Textdokumenten in ein Hypertext-Informationssystem

3.1 Einführung in das BTÖV-Projekt

3.1.1 Überblick

Durch den Einsatz von Telekooperation soll es in Zukunft möglich sein, schneller, flexibler und effektiver über große Entfernungen zusammenzuarbeiten und die Organisation der Arbeit zu verbessern. Unter Telekooperation versteht man die standortübergreifende Zusammenarbeit zwischen Personen, die synchron oder asynchron erfolgen kann. Die Telekooperation wird durch Informations- und Kommunikationstechnik unterstützt, um eine bedarfsgerechte und effiziente Kooperation zu gewährleisten.[97]

Da es sich herausgestellt hat, daß die Verfügbarkeit von Technologien zur Telekooperation nicht ausreicht, sondern der Einsatz bedarfsgerecht gestaltet werden muß, hat die DeTeBer-

---

[97] Vgl. Konrad, Seibt /Das Projekt BTÖV 1996/ 1

kom GmbH (Deutsche Telekom Berkom GmbH) für den Bereich öffentliche Verwaltung das Forschungsprojekt BTÖV (Bedarf für Telekooperation in öffentlichen Verwaltungen) initiiert. Dabei haben die beteiligten Partner BIFOA (Betriebswirtschaftliches Institut für Organisation und Automation), Fraunhofer-IAO (Fraunhofer-Institut für Arbeitswissenschaft und Organisation), KPMG Unternehmensberatung GmbH und die Universität Hohenheim untersucht,

- welche Einsatzfelder für Telekooperation sinnvoll sind,
- welche Faktoren den Bedarf beeinflussen,
- wie man Telekooperationsprojekte methodisch unterstützt und
- wie man konkrete Vorhaben durchführt.[98]

Dazu wurde das Forschungsprojekt in folgende Teilprojekte aufgeteilt:

- Die Entwicklung einer Methode für die bedarfsgerechte Gestaltung der Telekooperation in der öffentlichen Verwaltung, die sich aus verschiedenen in der Praxis bewährten Methoden zusammensetzt und auf die speziellen Bedürfnisse der öffentlichen Verwaltung abgestimmt ist.
- Die Ausarbeitung eines qualitativen und quantitativen Bedarfsschätzungsmodells, welches die technischen und ökonomischen Einflußfaktoren benennt und unter Berücksichtigung der haushaltsrechtlichen Situation in der öffentlichen Verwaltung den Bedarf abzuleiten versucht.
- Die Formulierung von Gestaltungsempfehlungen für die Einführung von Telekooperation in der öffentlichen Verwaltung.

Als Ausgangspunkt dienen die verschiedenen Anwendungsszenarien, die einen Orientierungsrahmen bilden und eine Abgrenzung der Einsatzmöglichkeiten von Telekooperation in der öffentlichen Verwaltung ermöglichen.

3.1.2 Anwendungsszenarien

Bei den Anwendungsszenarien betrachtet man personenbezogene Punkt-zu-Punkt-Szenarien, geschäftsprozeßorientierte Szenarien, flächendeckende Szenarien, On-Demand Szenarien und die Szenarien »Gemeinsames virtuelles Büro«. Die Anwendungsszenarien unterscheiden sich hinsichtlich der unterstützten Aufgaben, der funktionalen Komplexität und der organisatorischen Reichweite innerhalb des Arbeitsablaufes.[99]

Die »personenbezogenen Punkt-zu-Punkt-Szenarien« beschreiben die Telekooperation zwischen Personen in Form einer Punkt-zu-Punkt-Kommunikation, die spontan aufgebaut wird. Nach der Anzahl der beteiligten Personen unterscheidet man das Zwei-Punkt- und das Multipunkt-Szenario.

---

[98] Vgl. Konrad, Seibt /Das Projekt BTÖV 1996/ 1 f.
[99] Vgl. Konrad, Seibt /Das Projekt BTÖV 1996/ 4

Bei den »geschäftsprozeßorientierten Szenarien« unterscheidet man zwischen einmaligen oder wiederkehrenden Geschäftsprozessen, die für die Organisation erfolgs- und zeitkritisch sind. Bei dem Szenario »Einmalige Geschäftsprozesse« wird der Fokus auf die synchrone Abstimmung zwischen den Teilnehmern gerichtet, wobei in dem Szenario »Wiederkehrenden Geschäftsprozesse« zusätzlich die asynchrone Kooperation betrachtet wird.[100]

Wenn nicht nur ausgewählte Geschäftsprozesse im Vordergrund stehen, sondern alle Prozesse und Vorgänge einer Organisation durch Telekooperation abgedeckt werden sollen, entspricht dies dem »Flächendeckenden Szenario«. Wird dieses Szenario nur auf eine Organisation angewendet, so nennt man das Szenario »flächendeckendes organisationsweites Szenario«. Bei der Unterstützung der Zusammenarbeit zwischen mehreren Organisationen handelt es sich um das »flächendeckende partnerschaftsweite Szenario«.[101]

Das wesentliche Unterscheidungsmerkmal bei den »On-Demand Szenarien« besteht in der Asymmetrie zwischen Informationsangebot und -nachfrage. In den bisherigen Szenarien kann man von einem symmetrischen Verhältnis zwischen vorhandenen und nachgefragten Information ausgehen. Bei den »On-Demand Szenarien« geht man von einer nicht im Voraus planbaren Informationsnachfrage aus, bei welcher der Nachfrager die zu verteilenden Informationsinhalte individuell beeinflußt.[102]

Bei den Szenarien »Gemeinsames virtuelles Büro« wird die Aufrechterhaltung von sozialen Regeln einer persönlichen Kooperation in den Vordergrund gestellt. Dies beinhaltet die Einbindung von Audio- und Videoverbindungen in die Büroumgebung hinsichtlich der intuitiven Verwendung bei der täglichen Arbeit und der Simulation, daß sich die Kooperationspartner in einem gemeinsamen Büro befinden.[103]

3.1.3 BTÖV-Methode

Die BTÖV-Methode soll die bedarfsgerechte Gestaltung von Telekooperation ermöglichen, wozu vier Ausgangsmethoden unter einem einheitlichen Schema integriert werden. Diese vier Ausgangsmethoden sind »Szenarienbasierte Auswirkungsmethode (SBAM)«, »Geschäftsprozeßmanagementgestaltung (GPM)«, »Critical Communication & Cooperation Process-Methode (CCCP)« und »Needs driven Approach (NDA)«. Zusätzlich fließen Elemente der Methoden »ARIS«, »Bonapart«, »IVBB-Studie«, »Simulationsstudie« und »STEPS-Handbuch« in die integrierte BTÖV-Methode ein. Diese besteht aus fünf Modulen, die wiederum in mehrere Teilmodule untergliedert sind. Die Unterteilung in einzelne Arbeitsschritte soll die Einführung der neuen Technologien erleichtern. Durch die Modularisierung ist gewährleistet, daß die integrierte BTÖV-Methode durch neue verbesserte Methoden und Werkzeuge erweitert und somit dem technischen Fortschritt angepaßt werden kann.[104]

---

[100] Vgl. Konrad, Seibt /Grundlagen zu den Anwendungsszenarien 1996/ 5

[101] Vgl. Konrad, Seibt /Grundlagen zu den Anwendungsszenarien 1996/ 6

[102] Vgl. Brettreich-Teichmann /On-Demand-Szenarien 1996/ 23 ff.

[103] Vgl. Schwabe, Krcmar /Szenarien „gemeinsames virtuelles Büro" 1996/ 27 ff.

3.1.4 Bedarfsschätzungsmodell

Im Rahmen des BTÖV-Projektes wurde sowohl ein quantitatives als auch ein qualitatives Bedarfsschätzungsmodell entwickelt, in dem der Technologie- und Beratungsbedarf der oben genannten Anwendungsszenarien untersucht wurde. Dieses Modell soll es den Anbietern und Anwendern ermöglichen, die zukünftige Nachfrage beziehungsweise den detaillierten Bedarf besser einzuordnen.

Bei dem quantitativen Bedarfsschätzungsmodell wurde unter Beachtung der langen Diffusionszeit von Telekooperation in der öffentlichen Verwaltung von 20-25 Jahren versucht, das Gesamtmarktpotential zu ermitteln. Dabei wurden für die Schätzung des langfristigen Gesamtpotentials neben der Beachtung der Diffusionsdauer die Anzahl der Beschäftigten als konstant angesehen und der Anteil der mit Telekooperation arbeitenden Beschäftigten auf fünfzig Prozent festgesetzt. Für die kurz- bis mittelfristige Schätzung wurde auf Best-Practice-Fälle und statistische Angaben zurückgegriffen und im Gegensatz zur langfristigen Schätzung, bei der man von einer überall vorkommenden Nutzung von Telekooperation ausgeht, die Anteile der Anwendungsszenarien geschätzt. Dabei wurde deutlich, daß die On-Demand-Szenarien und der Einsatz von Telekooperation auf der kommunalen Ebene überwiegen.[105]

Bei der Betrachtung der qualitativen Aspekte wurden für die verschiedenen Szenarien Faktorenbündel identifiziert, die den jeweiligen Bedarf beeinflussen.

3.1.5 Gestaltungsempfehlungen

Durch die Gestaltungsempfehlungen soll es dem Anwender ermöglicht werden, ein Szenario anhand seiner Bedürfnisse auszuwählen und dessen Einsatz im Hinblick auf die Ausgestaltung und Einführung zu planen. Dazu werden bei den »szenarienspezifischen Gestaltungsempfehlungen« die Besonderheiten der jeweiligen Szenarien behandelt und konkrete Beispiele geliefert. Die Planung und Umsetzung wird zusätzlich durch das Angebot von Checklisten und Formularen unterstützt. In den »szenarienübergreifenden Gestaltungsempfehlungen« werden die Gebiete »Kommunikation und Kooperation«, »Technik und Services«, »Systemevaluierung und -auswahl« und »Organisatorisch relevante Gestaltungsaspekte« ausführlich beschrieben und durch Checklisten und Übersichten bezüglich der Ausprägungsmöglichkeiten ergänzt.[106]

3.2 Entwicklung der Grundkonzeption

3.2.1 Festlegung von Gestaltungsrichtlinien

3.2.1.1 Planung der Vorgehensweise

Bei der Transformation von umfangreichen linearen Textdokumenten in ein interaktives Hypertextsystem entfällt ein Großteil des Aufwandes auf die Planung der Vorgehensweise. Dies hängt vor allem damit zusammen, daß Methoden aus den Disziplinen Softwareentwick-

---

[104] Vgl. Konrad, Seibt /Das Projekt BTÖV 1996/ 6 ff.
[105] Vgl. Konrad, Seibt /Das Projekt BTÖV 1996/ 10 f.
[106] Vgl. Konrad, Seibt /Gestaltungsempfehlungen Teil 1 1996/ 1 ff.

lung, Grafikdesign, Benutzerschnittstellendesign, Kommunikationsdesign und Linguistik kombiniert werden müssen. In dem speziellen Fall der Hypertextentwicklung mit der Auszeichnungssprache HTML müssen ebenfalls noch Methoden des Web-Designs in die Entwicklung einfließen.

Abhängig von der Größe der zu konvertierenden Dokumente sollten mehrere Personen, möglichst Spezialisten auf den oben genannten Gebieten, in das Team eingebunden werden, um die Konversion in einem angemessenen Zeitrahmen durchzuführen. *Liora Alschuler*[107] berichtet über die manuelle Konversion von sechs Magazinartikeln über eine Hypertextkonferenz, die drei Teams mit jeweils zwei bis drei Personen durchgeführt haben. Jedes Team wurde dabei von einem anerkannten Hypertext-Experten geleitet. Der Zeitbedarf betrug pro Team ungefähr zwei Monate, um die Transformation von den linearen Textdokumenten in ein interaktives Hypertextsystem inklusive Links zwischen den Artikeln durchzuführen. Wenn man nun davon ausgeht, daß die in dieser Arbeit verarbeiteten Textdokumente zum BTÖV-Projekt circa 1.200 DIN-A4-Seiten umfassen, wird der Ressourcenbedarf für eine manuelle Konversion deutlich. In der Zwischenzeit gibt es zwar geeignete Softwarewerkzeuge, welche die Konversion unterstützen können, aber trotzdem müssen noch viele Bearbeitungsschritte manuell erfolgen, wie im Weiteren noch zu sehen sein wird.

Die Entwicklung eines Hypertextes umfaßt auch die Programmierung von bestimmten Funktionen wie Verknüpfungen oder den Aufruf von Formularen und deren Verarbeitung. Daher scheint es sich anzubieten, Vorgehensmodelle des Software-Engineering auch in den Prozeß der Hypertextentwicklung einzubringen. Bei der Entwicklung auf Basis von HTML besteht allerdings das Problem, daß die rasante Entwicklung der Basistechnologien, wie HTML und JavaScript, welche fortlaufend und in sehr kurzen Zyklen weitergeführt wird, die Etablierung eines Vorgehensmodells verhindert. Dies wurde von *Axel Schwickert* untersucht, der zu dem Schluß kommt, „…daß das WWW ein Konglomerat zu junger Technologien für geschlossene und bewährte Konzepte zur Entwicklung von Web-Sites ist" und „…daß keines der gängigen Vorgehensmodelle allein die o.g. Besonderheiten des Web Site Engineering ausreichend berücksichtigt."[108] Von den klassischen Vorgehensmodellen bietet sich das »Rekursive Wasserfallmodell« nach *Barry Boehm*[109] an, welches jedoch bei Anpassungen nach der Fertigstellung des Hypertextes bei systematisch korrekter Anwendung weitere Spiraldurchläufe notwendig macht, die aber zeitaufwendig sind. *Michael Kerres* stimmt für die Verwendung eines Phasenmodells. Durch die Vielschichtigkeit und Unterschiede bei der Entwicklung kann es aber nicht »das« Phasenmodell geben, sondern die „… Phasenmodelle [sollen] eher als „Anregungen" denn als „Vorschriften" …"[110] verstanden werden.

---

[107] Vgl. Alschuler /Hand-crafted Hypertext 1989/ 358

[108] Schwickert /Web-Site Engineering 1997/ 28

[109] Vgl. Boehm /Spiral Model 1986/ 22 ff.

[110] Vgl. Kerres /Entwicklung multimedialer Lehr-Lern-Umgebungen 1996/ 45

3.2.1.2 Strukturierung und Aufbereitung der Informationen

Die Gestaltungsrichtlinien für die Verarbeitung der Informationen haben die Aufgabe, die Strukturierung und Aufbereitung der Dokumente innerhalb des Hypertextes festzulegen. Sie dienen dem Autor als Gerüst für die spätere Konversion, damit der Anwender einen klar strukturierten Hypertext benutzt, in dem er einfach und intuitiv navigieren kann, ohne die Orientierung zu verlieren.

Die Strukturierung der Inhalte sollte sich an der Gliederung der Originaldokumentation orientieren, da die Autoren im allgemeinen einen logischen und didaktisch stimmigen Aufbau für die Dokumente gewählt haben. Es ist wichtig, die Strukturierung den Fähigkeiten der späteren Anwender anzupassen. Der potentielle Leser des Hypertextes wird durch die Zielgruppe der Projektdokumentation vorgegeben, muß jedoch nicht darauf beschränkt sein. Die Zielgruppe kann auch so breit gestreut sein, daß eine Fokussierung nicht möglich ist. Beispielsweise reicht die Zielgruppe der BTÖV-Dokumentation von Anwendern auf politischer, strategischer und operationaler Ebene bis hin zu den Anbietern von Telekooperationstechnologie. [111] Wenn also keine Fokussierung auf eine Zielgruppe möglich ist, muß man sowohl die Einführungs- als auch die Detailinformationen gleichwertig behandeln. Wenn man beispielsweise davon ausgeht, daß nur technisch versierte Anwender den Hypertext lesen, kann man die Einführungsinformationen sehr knapp halten und dafür verstärkten Wert auf die Umsetzung der Detailinformationen legen. Ein weiterer wichtiger Aspekt liegt in der Aufgabe, komplexe Informationen verständlich zu präsentieren. Daher müssen die Informationen vor der Festlegung der Präsentationsform entsprechend strukturiert werden, indem zusammengehörige Informationen gruppiert werden oder dieser Aufbau durch die Einrichtung von Links nachgebildet wird.

Bei der Konversion der BTÖV-Dokumentation wurde für die Menügestaltung die Hierarchie der Gliederung übernommen. Die Hierarchiestufen für einen Hypertext dürfen jedoch nicht zu tief sein, da der Anwender ansonsten durch die Vielzahl von Optionen nicht weiß, welchen Weg er nehmen soll oder wo die gewünschte Information plaziert ist.[112] Daher wurden nur die ersten beiden Hierarchiestufen, Teilprojektüberschrift (wie »BTÖV-Methode« oder »Anwendungsszenarien«) und die Überschriften der Kapitel in den Dokumenten zu den jeweiligen Teilprojekten (wie bei der »BTÖV-Methode« die Überschriften »Ziele«, »Identifikation der Handlungsfelder«, …) in die Menüstruktur übernommen. Dieses Ergebnis ist in der Übersicht in Abb. 5 festgehalten. Es wurde für jedes Hauptkapitel an den Anfang ein Kapitel »Zusammenfassung« gestellt, in dem auf die wichtigen Unterabschnitte innerhalb dieses Themenkomplexes verwiesen wird. Zusätzlich wurden die Kapitel »Einführung«, »Info-Pool« und »Hilfe« erstellt, wobei der »Info-Pool« einen Glossar-ähnlichen Aufbau besitzt, um grundlegende Begriffe zu erklären. Im Kapitel »Hilfe« wird die Benutzung des Hypertextes und die verschiedenen Elemente der Benutzerschnittstelle erklärt.

---

[111] Vgl. Vgl. Konrad, Seibt /Das Projekt BTÖV 1996/ 15
[112] Sano /Designing large-scale web sites 1996/ 101

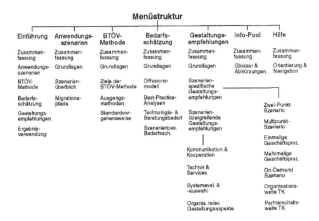

Abb. 5: Menüstruktur des Hypertextes

Paap/Roske-Hofstrand[113] stellen eine hierarchische Menüstruktur mit einer einzigen Ebene als das Optimum dar. Dies wurde jedoch nicht implementiert, da die Menügrafik ansonsten zu lang geworden wäre. Dadurch geht der Vorteil der Sichtbarkeit von allen Menüpunkten durch das lästige und zeitaufwendige Scrollen beim Navigieren durch den Hypertext wieder verloren. *Paap/Roske-Hofstrand* befürworten als zweitbeste Lösung, daß die optimale Menüstruktur aus acht Kategorien besteht, mit zwei bis zehn Untermenüpunkten. Dies wurde mit der in Abb. 5 dargestellten Menüstruktur erreicht, mit der Ausnahme des Menüpunktes »Gestaltungsemp-fehlungen«. Bei diesem Menüpunkt ist die Auflösung der Oberbegriffe für die verschiedenen Szenarien sinnvoll (beispielsweise »Personenbezogene Punkt-zu-Punkt-Szenarien« in »Zwei-punkt-Szenario«, »Multipunkt-Szenario«, ...), da somit die Suchzeiten verringert und die Ein-fachheit der Benutzung erhöht wird.

3.2.1.3 Aufteilung des Bildschirms

Abb. 6 zeigt die Bildschirmaufteilung in drei Bereiche, die in HTML durch Frames realisiert wurde. Durch die Einrichtung von Frames kann man die einzelnen Bereiche direkt ansprechen und mit Inhalten füllen. Zuerst wird der Bildschirm vertikal geteilt, wobei Frame 1 das Menü beinhaltet und die rechte Seite mit den Inhalten des aus dem Menü gewählten Abschnitts gefüllt wird. Dieser Teil wird jetzt horizontal geteilt, so daß die Frames 2 und 3 entstehen. In Frame 2 befindet sich die Überschrift des aktuell ausgewählten Abschnitts und Unterab-schnitts, durch die der Leser eine Orientierungshilfe über den aktuellen Inhalt erhält. In Frame 3 wird der aktuell ausgewählte Knoteninhalt dargestellt.

---

[113] Vgl. Paap, Roske-Hofstrand /Optimal Number of Menu Options 1989/ 377 ff.

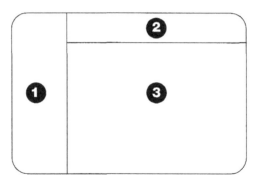

Abb. 6: Aufteilung des Bildschirms

Der Vorteil dieser Lösung ist, daß die Elemente entsprechend der in Kapitel 2.2.3.1 dargestellten Blickrichtung bei der Informationsaufnahme positioniert sind, die beginnend in der linken oberen Ecke einen kreisförmigen Verlauf im Uhrzeigersinn beschreibt. Das Menü ist somit am prominentesten plaziert, danach die Überschrift und dann der Text. Diese Aufteilung entspricht den Forderungen nach einfachem Aufbau und Übersichtlichkeit durch eine klare Struktur. Da sich in den einzelnen Frames immer dieselben Inhaltstypen befinden und diese durch das Design deutlich voneinander unterscheidbar sind, ist auch die Verständlichkeit des Aufbaus gewährleistet. Somit wird einer Desorientierung des Anwenders vorgebeugt und den drei Aspekten von *Wilbert Galitz*[114] für die optimale Gestaltung der Bildschirmfläche Rechnung getragen. Zusätzlich befinden sich das Menü und die Überschrift durch die Gestaltung mittels Frames unabhängig von dem dargestellten Knoten immer an demselben Platz und werden auch nicht durch das Scrollen innerhalb des Knotens beeinflußt.

Datei »Frame 1«:	Datei »inhalt.htm«:
<FRAME src="menu.htm" name="menu"> <FRAME src="inhalt.htm" name="content">	<FRAME src="header.htm" name="header"> <FRAME src="page.htm" name="kap_content">

Tabelle 2: Definition der Namen von Frames in HTML

Die Definition der drei Frames in HTML wird in Tabelle 2 exemplarisch vorgestellt. Die Frames werden mit Namen gekennzeichnet, so daß man diese direkt ansprechen kann, um den Inhalt einzelner Frames durch andere HTML-Dateien zu ersetzen. Die Definition der Frames in Tabelle 2 ist nicht vollständig, sondern soll nur die Kennzeichnung der Frames mit Namen verdeutlichen. Zuerst wird Frame 1 aufgeteilt in die Bereiche »menu« und »content«, gekenn-

---

[114] Vgl. Kapitel 2.2.3.1

zeichnet durch das Attribut »name« innerhalb der Frame-Tags[115]. Der Frame »content« wird wiederum in die Frames »header« und »kap_content« unterteilt. Durch das Attribut »src« bestimmt man die HTML-Datei, welche bei der Erstellung der Frames angezeigt werden soll. So wird erreicht, daß der Frame »content« mit den beiden Frames aus der Datei »inhalt.htm« gefüllt wird. Wenn man nun einen Link innerhalb eines Knotens erzeugt, kann man spezifizieren, daß beispielsweise der Frame »kap_content« mit der aufgerufenen Datei neu gefüllt wird, während der Inhalt der Frames »menu« und »header« unverändert bleibt.

3.2.1.4 Orientierungs- und Navigationshilfen

Orientierungs- und Navigationshilfen dienen der Vermeidung der in Kapitel 2.1.3.3 vorgestellten Hauptprobleme bei der Nutzung eines Hypertextes, dem Problem der Desorientierung und der kognitiven Überlast. Die Komplexität durch die Größe des Hypertextes soll durch diese Hilfen für den Leser verarbeitbar werden.

Die ständige Darstellung der Kapitel- und Unterkapitelüberschrift dient dem Anwender als Orientierungshilfe. Das Design der in Abb. 7 dargestellten Grafik soll durch den Keil auf der linken Seite suggerieren, daß dieses Kapitel und Unterkapitel durch den Klick auf die links plazierte Menüleiste aufgerufen wurde und das Menü sozusagen den »Ursprung« darstellt. Die Färbung der Fläche mit der Kapitelüberschrift ist identisch mit dem Hintergrund der Unterkapitel in der Menügrafik, wodurch dem Anwender die Verbindung zwischen dem Mausklick auf die Unterkapitelüberschrift und der Präsentation dieses Dokumentes verdeutlicht werden soll.

Abb. 7: Gestaltung der Überschriftsgrafik

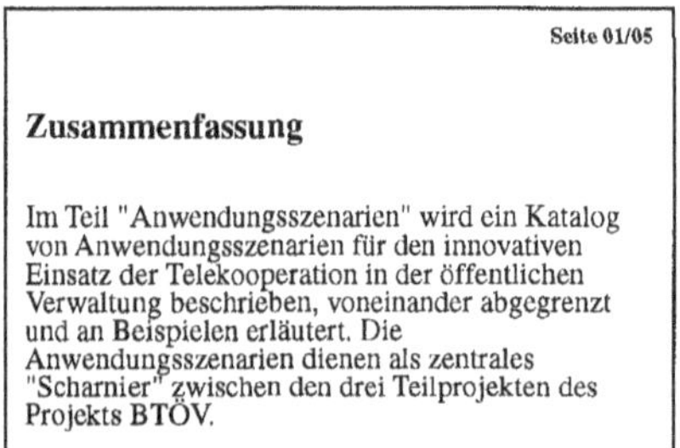

Abb. 8: Plazierung der Seitenzahlen im Hypertext

---

[115] Unter Tags versteht man „…Formatierungskommandos…"[Tolksdorf/Die Sprache des Web: HTML 3 1996/ 8], die in HTML immer durch die Einfassung mit den spitzen Klammern gekennzeichnet sind.

Neben der Grafik mit der Kapitel- und Unterkapitelüberschrift dient die Darstellung der aktuellen Seitenzahl und der Gesamtzahl der Seiten in diesem Unterkapitel als zusätzliche Orientierungshilfe. Dies ist für *Rainer Kuhlen* eine „unverzichtbare Systemleistung bei blätternden Hypertexteinheiten …"[116] und wird auf jeder Textseite in der rechten oberen Ecke plaziert (siehe Abb. 8).

Zu den Navigationshilfen zählt zum einen die Kennzeichnung der Links und zum anderen die Verfügbarkeit von Navigationsbuttons. Die Links werden in HTML durch Unterstreichung und Einfärbung vom restlichen Text abgehoben. Diese Einfärbung kann vom Anwender beeinflußt werden, indem er die Voreinstellungen des Browsers auf seine persönliche Farbwahl einstellt, welche dann zur Darstellung verwendet wird. Dies ist ein Problem, wenn durch die Farbwahl der Links Informationen übertragen werden. Bei der Erstellung der Links werden Farbinformationen verwendet, so daß der Anwender noch nicht besuchte Links von schon besuchten unterscheiden kann. Stellt der Benutzer jedoch die Farben für die verschiedenen Links einheitlich ein, geht diese Information verloren. Dies kann aber auch vorteilhaft sein, da er kein neues Farbschema erlernen muß, sondern weiterhin in seinem gewohnten »Farbraum« arbeiten kann. Eine weitere Navigationshilfe stellen die Navigationsknöpfe dar, welche auf jeder Seite am Ende plaziert sind und durch eine horizontale Linie von dem Text abgetrennt sind (siehe Abb. 9). Die schwarz beschrifteten Knöpfe sind aktiv und bei einem Klick mit der Maus wird die Funktion ausgeführt, während die Knöpfe mit der grauen Schrift inaktiv sind. Dadurch wird dem Anwender eine Hilfestellung geboten, die verfügbaren Optionen zu erkennen und von seinem aktuellen Standort aus weiter in dem Hypertext zu navigieren.

Abb. 9: Navigationsknöpfe im Hypertext

Als weitere Navigationshilfe werden bei dem Menüpunkt »Zusammenfassung« Links auf die jeweiligen Unterkapitel angeboten, um nicht den Weg über die Menügrafik gehen zu müssen. Dadurch muß sich der Leser nicht mühsam linear durch den Hypertext mittels der oben dargestellten Navigationsknöpfe bewegen. Er kann also frei zwischen einem linearen Aufbau, ähnlich der Struktur eines Buches, oder die für einen Hypertext typische vernetzte Struktur wählen. Dies unterstützt die in Kapitel 2.1.1.3 dargestellte Verhaltensweise von Hypertext-Lesern, sich abwechselnd mittels gerichtetem und ungerichtetem Browsen durch den Hypertext zu bewegen.

---

[116] Kuhlen / Hypertext: ein nichtlineares Medium 1991/ 85

3.2.1.5 Farbe und Typographie

Die Verwendung von Farbe und Typographie kommt vor allen Dingen bei der Gestaltung der Menüs und Überschriften zum Tragen, da man auf die Textdarstellung innerhalb der Dokumente nur geringen Einfluß hat.[117] Die einzigen Attribute, die per HTML-Tags verändert werden können, sind der Stil und in begrenztem Maße die Größe. Die Größe kann in sechs Stufen verändert werden, jedoch nicht durch die Angabe einer Punktgröße, wie es in einer Textverarbeitung üblich ist. Die zur Bildschirmdarstellung verwendete Schriftart legt der Anwender in den Voreinstellungen seines Browsers fest und kann vom Autor nicht beeinflußt werden. Da die Menüs und Überschriften jedoch durch Grafiken präsentiert werden, muß der Einsatz der Farben und Schriftarten geplant werden.

Das Design und das Layout wurden in einem Vektorgrafikprogramm entworfen, weil dort die Kontrolle über die Grafik- und Textelemente genauer ist als bei einem pixelorientierten Grafikprogramm. Da aber die Grafiken für die Darstellung in einem HTML-Browser in dem plattformübergreifenden Pixelformat GIF (Graphics Interchange Format)[118] vorliegen müssen, ist eine Konvertierung der Vektordaten in das GIF-Format notwendig. Bei der Konvertierung der ersten Prototypen hat sich gezeigt, daß wichtige Details bei der Konvertierung von Vektor- in Pixelgrafik verloren gehen oder verfälscht wiedergegeben werden. Ein großes Problem stellt die Aufrechterhaltung der Farbinformationen dar, die nur bei einer Konvertierung in das TIFF-Format (Tagged Image File Format) und daran anschließender Umwandlung in das GIF-Format gelöst werden konnte.

Desweiteren werden die Serifen bei den Serifen-Schriften schlecht konvertiert, da die Auflösung mit 72 dpi sehr niedrig gewählt worden ist, um die Größe der Grafikdatei zu begrenzen. Daher wird eine »Sans Serif«-Schrift[119] in einer großen Punktgröße für die Beschriftung der Menüknöpfe verwendet.

Um den Knöpfen und der Beschriftung Plastizität zu verleihen, werden die Elemente mit Schatten hinterlegt. Dazu wurde bei der Schrift der Stil »Schattiert« gewählt, was allerdings bei der Konvertierung zu verschwommenen Buchstaben führt. Somit mußten diese Effekte nachträglich in einem pixelorientierten Grafikprogramm an der konvertierten Datei vorgenommen werden.

Die Grafik in Abb. 10 zeigt auf der linken Seite die aus dem Vektorgrafikprogramm exportierte Datei und auf der rechten Seite die nachbearbeitete Version, die in dieser Form dann auch in dem Browser angezeigt wird.

---

[117] Vgl. Sano /Designing large-scale web sites 1996/ 52 ff.
[118] Vgl. Soethe /Intranets mit HTML und Netscape 1996/ 164 ff.
[119] Vgl. Kapitel 2.2.3.2

Abb. 10: Menüstruktur in der Roh- und in der Endfassung

Ein großes Problem bei der Farbwahl besteht darin, daß die auf dem Bildschirm abgebildeten Farben nicht identisch in einem Browser dargestellt, sondern durch »Dithering«[120] nachgebildet werden. Daher muß auf die sog. »Web216«-Farbpalette[121] zurückgegriffen werden. Diese festgelegten 216 Farben werden auf den unterschiedlichen Computer-Plattformen ohne Dithering dargestellt. Ein weiteres Problem besteht in den Helligkeitsunterschieden der Farben auf den verschiedenen Plattformen. Diese Unterschiede werden durch die Kontrast- und Helligkeitseinstellung am Monitor, die verwendete Grafikkarte und Version des Treibers und der Präsenz eines Farbmanagementsystems im Betriebssystem, welches eine Veränderung des Gamma-Faktors der Bildschirmdarstellung erlaubt, beeinflußt. Der Gamma-Faktor beschreibt, „… wie die Helligkeitsstufen eines Bildes vom Ausgabegerät verfälscht dargestellt werden."[122] Die meisten Ausgabegeräte besitzen einen positiven Gamma-Faktor, wodurch die Farben zu dunkel dargestellt werden. Diese Abweichungen können durch eine Änderung des Gamma-Faktors ausgeglichen werden. Allerdings liegen diese Faktoren außerhalb des Einflußbereiches des Hypertext-Autors. Deshalb wird allein die »Web216«-Farbpalette verwendet, um zumindest das Dithering zu vermeiden.

Die Farbwahl wurde anhand der in Kapitel 2.2.3.3 dargestellten Regeln durchgeführt, indem nur eine begrenzte Anzahl von sechs Farben verwendet wurde, die durch einen starken Kontrast gut voneinander unterscheidbar sind. Als Hintergrund für die Menügrafik wurde ein helles Blau verwendet und für die darauf befindlichen Elemente wurde ein dunkles Blau für die Menüknöpfe, für den Hintergrund der Untermenüs wurde ein dunkles Rot und für die Schrift ein Gelb gewählt. Durch die Auswahl einer Serifen-losen Schrift in einem fetten Schriftschnitt können die Nachteile bei den Farbkombination Blau/Gelb und Rot/Gelb vermieden werden.[123] Die Links werden in roter Farbe dargestellt, wenn das entsprechende

---

[120] „Simulierung zusätzlicher Farben o. Graustufen durch Erzeugen von speziellen Punktmustern (Rastern)." [Irlbeck /Computer-Englisch 1995/ 201]

[121] Vgl. Engelschall /Optimale Darstellung von Grafiken im WWW 1997/ 166

[122] Soethe /Intranets mit HTML und Netscape 1996/ 160

[123] Vgl. dazu die »Zehn Gebote der Farbe« von *Aaron Marcus* in Kapitel 2.2.3.3

Dokument noch nicht aufgerufen wurde und in blauer Farbe, nachdem es betrachtet worden ist. Der Blau- und der Rot-Ton der Links ist identisch mit der Farbe der Menüknöpfe und der Hintergrundfarbe der Untermenüs. So wird die Anzahl der vorhandenen Farben gering gehalten und der Anwender nicht durch zusätzliche Farbkodierungen belastet.

3.2.1.6 Festlegung der Namenskonventionen für HTML-Dateien

Bei der Festlegung von Namenskonventionen hängt das Format der Dateinamen von dem späteren Einsatzzweck ab. Wird der Hypertext in einem Netzwerk verbreitet, müssen nur die Beschränkungen des Betriebssystems beachtet werden, welches auf dem Server installiert ist. Wird der Hypertext zusätzlich auch auf CD-ROM veröffentlicht, wie auch im Rahmen dieser Diplomarbeit, darf nur der kleinste gemeinsame Nenner für die zulässigen Dateinamen aller aktuellen Betriebssysteme und der Dateisysteme einer CD-ROM verwendet werden.

Der kleinste gemeinsame Nenner für Dateinamen in Bezug auf die Betriebssysteme ist die sogenannte »8.3«-Konvention. Dies ist auf die Beschränkung des DOS-Betriebssystems zurückzuführen, bei dem die Dateinamen aus maximal acht Buchstaben ohne Unterscheidung von Groß- und Kleinbuchstaben, und einem nachgestellten Kürzel aus einem Punkt und maximal drei Buchstaben zur Kennzeichnung des Dateityps bestehen dürfen. Dies wurde auch bei der Gestaltung des ISO-9660 Dateiformats für plattformübergreifende CD-ROMs als Grundlage genommen. Zusätzlich zu der Beschränkung der Dateinamen auf die »8.3«-Konvention darf die Verzeichnistiefe nicht größer als acht Ebenen sein.[124] Zur Vereinfachung bei der späteren Link-Erstellung und der Verweise auf andere Dateien innerhalb der HTML-Dokumente sollte man alle Datei- und Verzeichnisnamen nur in Kleinbuchstaben schreiben. Damit kann man Zugriffsprobleme auf Betriebssystemen vermeiden, die zwischen der Groß- und Kleinschreibung bei Dateinamen unterscheiden, und deshalb bei einer Referenz auf die Datei »Abc.htm« die gewünschte Datei »abc.htm« nicht finden, beispielsweise die UNIX-Betriebssysteme (Uniplexed Information and Computing System)[125].

3.2.1.7 Zusammenstellung der Gestaltungsrichtlinien

Die bisherigen Richtlinien werden nun zu einem Dokument zusammengefaßt, um die Entwickler zu unterstützen und die Einheitlichkeit des Hypertextes zu gewährleisten. Diese Unterstützung ist sowohl bei einem Einzelentwickler als auch bei einem Entwicklungsteam notwendig. Die für die anschließende Konversion aufgestellten Gestaltungsrichtlinien sind in Tabelle 3 dargestellt.

Zuerst werden die Frame-Struktur und die Parameter für die Textauszeichnung bei der HTML-Programmierung festgelegt. Daran anschließend werden die Farben und die Schriftarten genau definiert, wobei die Farben sowohl in dezimalen als auch in hexadezimalen Werten angegeben werden. Dies ist wichtig, da in HTML-Dateien die Farben durch hexadezimale

---

[124] Vgl. Behr /Das Filesystem der ISO 9660 CD-ROM 1995/ 391

[125] „1969 in den Bell Laboratories entwickeltes Betriebssystem ... Unix gibt es in Versionen für fast alle Rechnerklassen ...“ [Irlbeck /Computer-Englisch 1995/ 648]

Werte definiert werden. Zuletzt werden die Konventionen für die Benennung der Dateien festgelegt, die sich entsprechend der verschiedenen Kategorien unterscheiden.

Frameaufteilung: Hauptmenü: "menu" Rechte Seite: "content"
Content-Frame: Header: "header" Textinhalt: "kap_content"
Menü-Frame: Framebreite: 270 Pixel, Breite Grafik: 238 Pixel Länge: Abhängig von der Menü-Struktur
Content-Frame:
Header-Frame: Grafik-Breite 490 Pixel, Grafik-Höhe: 60 Pixel, Framehöhe 75 Pixel
Chapter-Frame: Navigations-Buttons: Breite 146 Pixel, Höhe 31 Pixel
Schriftgrößen in HTML: <BASEFONT=4> Kapitel: <H2> Unterkapitel: <H4> Seitenzahl: <H5>
Farben: Dunkel-Blau [Menü-Button]: 0r 0g 102b [0 r/o g/ 66 b]
        Hell-Blau [Hintergrund Menü]: 51r 51g 204b [33 r/33 g/cc b]
        Rot [Hintergrund Unterkapitel & Header]: 153r 0g 51b [99 r/o g/ 33 b]
        Gelb [Schrift im Menü]: 255r 204g ob [FF r/CC g/ o b]
        Dunkel-Grau [Schrift Enabled Button]: 51r 51g 51b [33 r/33 g/ 33 b]
        Hell-Grau 1 [Schrift Disabled Button]: 153r 153g 153b [99 r/99 g/ 99 b]
        Hell-Grau 2 [Rand Navigations-Button]: 204r 204g 204b [CC r/CC g/ CC b]
Schriften: Menübutton: Helvetica Neue Extended "Black", 20 Punkt, 12% Em
        Unterkapitel: Helvetica Neue Extended "Bold", 16 Punkt, 12% Em
        Header-Grafik [weiße Schrift]: Helvetica Neue Extended "Medium", Fett, 20 Punkt, 10% Em
        Header-Grafik [schwarze Schrift]: Helvetica Neue Extended "Medium", 18 Punkt, 10% Em
Dateinamen-Konvention:
Zahlen grundsätzlich als zwei Zeichen, d.h. 00–09 und 10–99
Kapitel–Nr.=XX, Unterkapitel–Nr=YY, Seiten–Nr.=ZZ, Abbildung-Nr.=##!
Index-Link [Target="_top"]: idXXYYZZ.htm Index-Link [Target="content"]: inXXYYZZ.htm
Menü-Frame: menu.htm Menü-Grafik: menu.gif
Header-Frame: headXXYY.htm Header-Grafik: headXXYY.gif
Seiten eines Kapitels [Target="kap_content"]: pgXXYYZZ.htm
Abbildungen: grbgYY##.gif oder grsmYY##.gif
Link zu Grafik in eigenem Fenster: grbgYY##.htm
Formular: fmXXYYZZ.htm
Beispiel: exXXYYZZ.htm

Tabelle 3: Gestaltungsrichtlinien für die Konversion

3.2.2 Konversion der Dokumente

3.2.2.1 Konversion der Texte

Bevor mit der Segmentierung der Ausgangsdokumente in die einzelnen Hypertext-Knoten begonnen werden kann, müssen die Dokumente zuerst in das HTML-Format überführt werden. Die zu konvertierenden Dokumente lagen im Microsoft Word 6.0-Format vor. Die Textverarbeitungsprogramme werden augenblicklich um die Funktionalität des HTML-Exports erweitert, jedoch war dies in der benutzten Word-Version nicht verfügbar. Die automatische Konvertierung durch verschiedene HTML-Editoren funktionierte nicht so reibungslos, wie dies von den Herstellern versprochen wird. Als weitere Möglichkeit bietet sich die Bearbeitung der HTML-Dateien in einem Texteditor an. Das ist allerdings für umfangreiche Texte umständlich und fehleranfällig. Stattdessen bieten sich HTML-Editoren an, die wie ein Textverarbeitungsprogramm bedient werden können und automatisch den dazugehörigen HTML-Code erzeugen. Diese Programme sind inzwischen in einer großen Zahl verfügbar. Allerdings treten bei den derzeit verfügbaren Editoren Fehler beim Import von Word-Dateien auf. Erst durch einen Export der Dokumente in eine RTF-Datei (Rich Text Format) und mit der Unterstützung des Hilfsprogramms »RTF2HTML« gelang die Konversion nach HTML.

Es zeigten sich aber sofort die Nachteile von HTML als reine Auszeichnungssprache, die keine typographischen Möglichkeiten, wie unterschiedliche Schriftarten, bietet. In Abb. 11 sind die drei Schritte kommentiert, die bei der Konversion von Word- in HTML-Dateien vollzogen werden müssen.

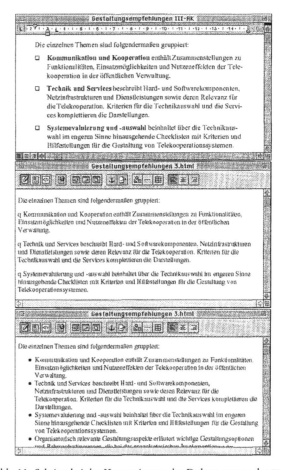

Abb. 11: Schritte bei der Konvertierung der Dokumente nach HTML

Das obere Bildschirmfoto in Abb. 11 zeigt einen Textausschnitt in Microsoft Word. Man erkennt, daß die einzelnen Elemente der Liste mit einem Kasten markiert sind, der aus einer Symbolschrift ausgewählt wurde. Das mittlere Bildschirmfoto zeigt die konvertierte Datei nach dem Einlesen in einen HTML-Editor. Die »Kasten«-Markierungen für die einzelnen Elemente der Liste sind durch ein „q" ersetzt worden. In HTML ist nur die Verwendung eines Zeichensatzes möglich. Darin nicht vorhandene Zeichen können nur als Grafik eingebunden oder durch den Einsatz von HTML-Tags erzeugt werden. Die Formatierung der einzelnen Punkte der Liste in Fettschrift ist ebenfalls verloren gegangen. Um das Layout der Originalvorlage nachzubilden, muß nun manuell das „q" vor jedem Eintrag gelöscht werden, und anschließend die Einträge markiert und mit der Auszeichnung »Punktierte Liste«[126] markiert werden. In dem unteren Bildschirmfoto von Abb. 11 sieht man die konvertierte Datei, dargestellt von einem HTML-Browser.

Zusammenfassend läßt sich zu der Konvertierung eines Textdokumentes in das HTML-Format sagen, daß es zur Zeit keine automatische Konvertierung gibt, die insbesondere die Formatierungen zuverlässig in HTML überträgt. Die Formatierung des Ausgangsdokumentes kann nur durch manuelle Nachbearbeitung annähernd erreicht werden. Durch die Verbesserung der Hilfsprogramme beziehungsweise die Einbindung eines HTML-Exportmoduls in alle gängigen Textverarbeitungs- und DTP-Programme kann dieser Aufwand für die manuelle Nachbearbeitung zukünftig reduziert werden oder sogar ganz entfallen.

3.2.2.2 Konversion der Grafiken

Vor der Konversion von Grafiken innerhalb von Textdokumenten muß man feststellen, ob diese als externe Dateien vorliegen oder in die Textdokumente integriert sind. Liegen die Grafiken als externe Dateien vor, so muß man sie mit einem Grafikprogramm bearbeiten, welches die Konversion zwischen verschiedenen Grafikformaten beherrscht und in das GIF-Format umwandeln. Bei Farbgrafiken muß man zusätzlich noch die Farben an die »Web216«-Farbpalette[127] anpassen. Sind die Grafiken jedoch mit einem in die Textverarbeitung integrierten Grafikeditor erstellt worden, kann man entweder die Grafiken manuell mittels »Kopieren und Einfügen« in ein Grafikprogramm übertragen oder bei der Konversion in das HTML-Format die Grafiken automatisch in ein Pixelformat übersetzen lassen. Dies hat jedoch den Nachteil, daß beispielsweise kleine Schriftgrößen nicht mehr zu erkennen sind, so daß eine Neuzeichnung in einem Grafikprogramm mit Unterstützung des GIF-Formates erforderlich ist. Die Funktion der automatischen Konversion der Grafiken wird zukünftig ebenfalls durch ein Exportmodul innerhalb des Textverarbeitungsprogramms integriert, zusammen mit der Konversion der Textinhalte und -formatierungen. Da eine Umwandlung in das GIF-Format notwendig ist, kann man gleichzeitig die Auflösung des Bildes reduzieren, um die Dateigröße zu verkleinern. Da ein Computer-Bildschirm eine durchschnittliche Auflösung von 72 dpi (Dots per Inch)[128] besitzt, lassen sich die Grafiken auf diesen Wert reduzieren[129], ohne daß ein Qualitätsverlust auftritt. Zusätzlich wird das Bild bei gleichbleibender Qualität schneller dargestellt und Speicherplatz eingespart.

---

[126] Vgl. Soethe /Intranets mit HTML und Netscape 1996/ 99 f.

[127] Vgl. Kapitel 3.2.1

[128] „Maßeinheit, die angibt, wie viele Pixel ein best. Ausgabegerät auf einem Zoll unterbringen kann." [Irlbeck /Computer-Englisch 1995/ 208]

[129] Vgl. Engelschall /Optimale Darstellung von Grafiken im WWW 1997/ 165

Ein Problem, das nicht durch die automatische Konversion gelöst werden kann, ist die Einstellung der Grafikgröße im Verhältnis zum verfügbaren Platz innerhalb eines Browser-Fensters. Die Größe eines solchen Fensters ist limitiert auf die maximale Bildschirmauflösung abzüglich des Raumes für Betriebssysteminformationen, wie Rollbalken und Fensterrahmen, und des Raumes für die Menügrafiken. Bei der Monitorauflösung kann man von einer Standardauflösung von 800 × 600 Pixel ausgehen.[130] Da der Frame mit der Menügrafik 270 Pixel breit ist und man noch die Höhe der Menüzeile mit 75 Pixel einbeziehen muß, verbleibt eine nutzbare Fläche von 530 × 525 Pixel. Ist die Grafik größer als dieser Bereich, muß sie in einem Grafikprogramm verkleinert werden. Dabei muß man verschiedene Reduktionsstufen ausprobieren und überprüfen, daß der Informationswert der Grafik nicht unter der Verkleinerung leidet. Es kann jedoch vorkommen, daß durch die Größenreduktion bestimmte Informationen, wie eine kleine Schrift, verschwimmen und somit unbrauchbar werden. Tritt dieser Effekt auf, zeigt man die Grafik in dem Hypertext in der verkleinerten Version als Schema-Ansicht und erstellt einen Link, der die Grafik in einem separaten Fenster in der Originalgröße darstellt. Dadurch wird der Leser nicht durch das Scrollen einer großen Grafik gestört und kann diese bei Bedarf betrachten.

3.3 Exemplarische Transformation der BTÖV-Dokumente

3.3.1 Zweipunkt-Szenario

3.3.1.1 Segmentierung der Dokumente

Nachdem die Dokumente in das HTML-Format konvertiert sind, müssen die Dokumente nun in die einzelnen Knoten segmentiert werden. Auf die Konzepte, die bei einer Segmentierung beachtet werden müssen, wurde in Kapitel 2.2.1 im Zusammenhang mit der Erzeugung von Kohärenz und der Erzeugung von kognitiven Einheiten eingegangen. Da die BTÖV-Dokumentation aus mehreren Teildokumenten besteht, wird als übergeordnete Strategie die »Intertextuelle Konversion« gewählt, wobei die einzelnen Dokumente mit der Strategie der »Segmentierung und Relationierung über formale Texteigenschaften« bearbeitet werden.

Bei der Segmentierung stellt sich zuerst die Frage nach der Größe eines Knotens. Bei dieser Frage findet man sehr unterschiedliche Empfehlungen in der Literatur. *Michael Kunze*[131] schlägt eine Beschränkung des Textes auf 5.000 Zeichen oder etwa zwei bis drei Browser-Seiten vor. *Robert Horn*[132] präsentiert acht verschiedene Knotengrößen, die der Benutzer unterschiedlich wahrnimmt. Er schließt mit der Einschätzung, eine starre Begrenzung der Knotengröße zu vermeiden und stattdessen die Knotengröße dem Textinhalt anzupassen und somit variabel zu gestalten. *Ben Shneiderman*[133] beschränkt die Knotengröße auf ein Thema oder ein Konzept und weist auf die Probleme der Desorientierung des Lesers hin, wenn die Informationen zu

---

[130] Vgl. Soethe /Intranets mit HTML und Netscape 1996/ 150
[131] Vgl. Kunze /Entwickeln von Web-Projekten 1995/ 167
[132] Vgl. Horn /Mapping Hypertext 1989/ 40 f.
[133] Vgl. Shneiderman /Hypertext Hands-On! 1989/ 5 f.

stark fragmentiert sind. Dem pragmatischen Ansatz von *Robert Horn* und *Ben Shneiderman* wird durch die Wahl der Strategie der »Segmentierung und Relationierung über formale Texteigenschaften« bei der Segmentierung der Dokumente Rechnung getragen, die sich an den Makrostrukturen des Textes orientiert.

Die Dokumente wurden in einem HTML-Editor zunächst in logische Abschnitte unterteilt, ohne der entstandenen Knotengröße Beachtung zu schenken. Beispiele und Checklisten sind ausgegliedert worden, da diese Elemente nur über einen Link in den Knoten aufgerufen werden können. Sie wurden einer gesonderten Behandlung unterzogen, die in den weiteren Kapiteln beschrieben wird. In Abhängigkeit von der Länge des einzelnen Knotens und der darin vorkommenden Textarten wurde eine Zusammenfassung durchgeführt. Die BTÖV-Dokumente bestehen zu einem großen Teil aus begriffsorientierten Passagen[134] und daher wird oft auf die Indexierung zurückgegriffen. Bei den referierenden Teilen wird das »Abstracting« eingesetzt. Die Zusammenfassung einer Textstelle wird beispielhaft in den Tabellen 4 und 5 dargestellt. Für die Zusammenfassung wurden die Strategien und Regeln aus Kapitel 2.2.1.4 angewendet.

Neben der Verfügbarkeit der oben beschriebenen Hauptfunktionen ist an erster Stelle die Qualität der Audio-Video-Kommunikation zu nennen. Die objektiven und subjektiv empfundenen Unterschiede während der Videoübertragung sind z. B. in der Anzahl der übertragenen Bilder pro Sekunde oder der Größe und Skalierbarkeit des Videofensters begründet. Die Sprachqualität hängt z. B. von den im Produkt realisierten (und vom Benutzer konkret ausgewählten) Kompressionsverfahren und der benutzten Bandbreite (3,1 kHz oder 7 kHz) ab. In einigen Fällen muß für die Audiokommunikation eine zusätzliche externe Sprechverbindung aufgebaut werden, z. B. eine Telefonverbindung parallel zur Videoverbindung.

Generell ist die jeweils zugeteilte Übertragungsbandbreite für die einzelnen Grundfunktionalitäten (Audio/Video-Kommunikation, File-Transfer, Application Sharing etc.) und die Möglichkeit zur benutzergesteuerten Variation derselben wichtig. Dieses Merkmal ist wesentlich, um den Nutzern je nach aktuellem Benutzungskontext entsprechende Schwerpunktlegungen zu erlauben. Geht es im wesentlichen um eine bilaterale Teambesprechung, sollte die maximale Bandbreite der Audio-Video-Kommunikation zugeteilt werden; steht die gemeinsame Bearbeitung eines Dokumentes im Vordergrund, so wäre es vorteilhaft, die Sprachkommunikation zu reduzieren und die verbleibende Bandbreite voll für diese Datenapplikation zu nutzen.

Weiterhin können die Systeme hinsichtlich der Anbindungsmöglichkeiten an interne und externe Netzwerke differenziert werden. Für den Weitverkehrsbereich ist ISDN Standard; verschieden gestaltet ist das Zusatzangebot für Multiplex-ISDN (in der Regel 6-Kanal-Bündelung), ATM und Satellitenkommunikation. Aber auch die Nutzung des analogen Telefonnetzes mittels Modem ist bei einigen Systemen möglich, wenn auch in diesem Fall die Videokommunikation nicht oder nur eingeschränkt zur Verfügung steht, z. B. in Form von Standbildern. Neuerdings ist auch die Verbindung via Internet möglich. Für die lokalen Netze bieten verschiedene Hersteller Anschlüsse u. a. für die Netzprotokolle TCP/IP, NetBIOS und Novell IPX an.

Um mit möglichst vielen Partnern kooperieren zu können, ist die Konformität zu gegebenen oder sich abzeichnenden Standards unerläßlich. Für die Audio/Video-Kommunikation ist der ITU-Standard H.320 von besonderer Bedeutung, der es ermöglicht, auch mit Partnern eine Verbindung aufzunehmen, die das H.320-konforme System eines anderen Herstellers benutzt. Durch den H.320-Standard wird aber nicht gewährleistet, daß zwei Partner neben der Audio/Video-Kommunikation auch Application Sharing durchführen können. Deshalb befindet sich zur Zeit der ITU-Standard T.120 in der Entwicklung, der wie H.320 aus einer ganzen Reihe einzelner Standards besteht. Einzelne Teile beziehen sich bspw. auf File-Transfer, Shared Images oder Application Sharing.

Ein weiteres wichtiges Unterscheidungsmerkmal ist der Lieferumfang: Auf der einen Seite sind Komplettlösungen zusammen mit einem bestimmten Rechner erhältlich. Dies hat den Vorteil, daß alle Komponenten optimal aufeinander abgestimmt werden können. Auf der anderen Seite sind sogenannte Einbausets oder Aufrüst-Kits zu nennen, die zusätzlich zu einem bereits vorhandenen Rechner gekauft werden können. Insofern wird eine Integration in die gegebene Arbeitsplatzumgebung erleichtert, vorausgesetzt der Rechner ist für das vorgesehene Produkt ausreichend dimensioniert. Innerhalb der zweiten Gruppe bestehen wiederum unterschiedliche Ausprägungen: Teilweise enthalten die Kits alle zusätzlich zum PC benötigten Hardware- und Softwarekomponenten (wie Steckkarten, Kamera, Mikrophon, Kabel, Adapter, Software für Audio/Videokommunikation, Application Sharing etc.), teilweise werden aber auch nur einzelne Basiskomponenten geliefert, während für die restlichen Teile auf Hard- und Software eines oder mehrerer Hersteller verwiesen wird (z. B. ISDN-Karte). Die Vielfalt der Ausprägungen und Varianten zwischen den geschilderten Extremen ist enorm.

Die derzeit verfügbaren Produkte unterscheiden sich weiterhin nach der Realisierung auf einer oder mehreren Steckkarten bzw. reinen Softwarelösungen, dem Vorhandensein eigener Prozessorleistung auf der Karte für die Video- und Audiocodierung versus Nutzung des Prozessors des Rechners, der generellen Möglichkeit, Multipoint-Sitzungen zu unterstützen, den Integrationsmöglichkeiten für schon vorhandene Rechnerkomponenten und Peripheriegeräte (Grafikkarte, Camcorder, Aktivlautsprechern, …) und den konkreten Systemvoraussetzungen (RAM, Festplattenspeicher, …).

Tabelle 4: Text vor der Zusammenfassung

---

[134] Vgl. Kapitel 2.2.1.4

Neben der Verfügbarkeit der oben beschriebenen Hauptfunktionen ist an erster Stelle die Qualität der Audio-Video-Kommunikation zu nennen, bei Audio beispielsweise die benutzte Bandbreite oder bei Video die Anzahl der übertragenen Bilder pro Sekunde.
    Generell ist die jeweils zugeteilte Übertragungsbandbreite für die einzelnen Grundfunktionalitäten (Audio/Video-Kommunikation, File-Transfer, Application Sharing etc.) und die Möglichkeit zur benutzergesteuerten Variation derselben wesentlich, um den Nutzern entsprechende Schwerpunktlegungen zu erlauben. Bei einer bilateralen Teambesprechung, sollte beispielsweise die maximale Bandbreite der Audio-Video-Kommunikation zugeteilt werden; steht jedoch die gemeinsame Bearbeitung eines Dokumentes im Vordergrund, so wäre es vorteilhaft, die Sprachkommunikation zu reduzieren und die verbleibende Bandbreite voll für die Datenapplikation zu nutzen.
    Die Systeme können jedoch auch im Zusammenhang mit den Anbindungsmöglichkeiten an interne und externe Netzwerke differenziert werden, wobei sich für den Weitverkehrsbereich ISDN als Standard herausgestellt hat, jedoch Multiplex-ISDN, ATM, Satellitenkommunikation oder Internet weitere Optionen darstellen. Aber auch die Nutzung des analogen Telefonnetzes mittels Modem ist bei einigen Systemen möglich, bei denen man jedoch mit Einschränkungen rechnen muß, beispielsweise in Form von Standbildern bei Video.
    Um mit möglichst vielen Partnern kooperieren zu können, ist die Konformität zu gegebenen oder sich abzeichnenden Standards unerläßlich. Für die Audio/Video-Kommunikation ist der ITU-Standard H.320 von besonderer Bedeutung, bei dem aber nicht gewährleistet ist, daß zwei Partner neben der Audio/Video-Kommunikation auch Application Sharing durchführen können. Deshalb befindet sich zur Zeit der ITU-Standard T 120 in der Entwicklung.
    Ein weiteres wichtiges Unterscheidungsmerkmal ist der Lieferumfang: Auf der einen Seite sind Komplettlösungen mit optimal aufeinander abgestimmten Komponenten erhältlich. Auf der anderen Seite sind sogenannte Einbausets oder Aufrüst-Kits zu nennen, die nur die einzelne Basiskomponenten beinhalten, die durch Teile von anderen Herstellern ergänzt werden müssen. Dadurch wird eine Integration in die gegebene Arbeitsplatzumgebung erleichtert, vorausgesetzt der Rechner ist für das vorgesehene Produkt ausreichend dimensioniert.
    Die derzeit verfügbaren Produkte unterscheiden sich weiterhin:
- in der Realisierung als reine Softwarelösung gegenüber einer Hardware-/Software-Lösung,
- auf der Hardware-Seite durch die Unterstützung der Video- und Audiocodierung,
- in der Möglichkeit zur Multipoint-Unterstützung,
- in den Integrationsmöglichkeiten für schon vorhandene Rechnerkomponenten und Peripheriegeräte (Grafikkarte, Camcorder, Aktivlautsprechern, …) und
- in den konkreten Systemvoraussetzungen (RAM, Festplattenspeicher, …).

Tabelle 5: Text nach der Zusammenfassung

Der erste Absatz wurde durch die Kombination von Lösch-Regel 2, Generalisierungs- und Konstruktions-Regel in einem einzelnen Satz zusammengefaßt.[135] In den weiteren Abschnitten kommen die Lösch-Regel 2 und die Generalisierungs-Regel zum Einsatz. Die anderen „Grundregeln" lassen sich in dem betrachteten Beispiel nicht einsetzen. Bei der Zusammenfassung wurden außer diesen Regeln aber eine Vielzahl der Strategien aus der »intellectual Toolbox« verwendet. Die Zusammenfassung von Texten ist viel komplexer, als daß sie in sechs Regeln gefaßt werden könnte. Bei der Textzusammenfassung kamen alle Strategien aus Tabelle 1 zum Einsatz. Besonders die Strategie »inference«[136], daß Schließen von Aussagen aus dem Text, wurde besonders häufig verwendet. Die Strategie »inference« kann kaum erklärt werden, sondern basiert auf Intuition und persönlichem Wissen. *Rainer Kuhlen* meint zu dem Prozeß des Abstracting, daß die Textzusammenfassung „… eher eine Kunst als ein regelgeleteter Routineprozeß [ist]."[137] Es zeigt sich, daß die Erstellung einer Zusammenfassung besonders auf der Erfahrung und dem Wissensstand des Zusammenfassers über das Themengebiet beruht. Auch kann man die Begabung oder Intuition, die bei einen Zusammenfasser wichtig ist, nicht in Strategien fassen.[138]

---

[135] Vgl. Kapitel 2.2.1.4
[136] Vgl. Tabelle 1
[137] Kuhlen /Abstracting 1991/ 93
[138] Vgl. Kuhlen /Abstracting 1991/ 93 ff.

Der letzte Abschnitt wurde nicht zusammengefaßt, sondern die Auflistung der Unterschei-
dungsmerkmale wurde in eine Liste umgewandelt. Dies erhöht die Aufnahme- und Verarbei-
tungsgeschwindigkeit der Informationen, da die Einträge nun von »active white-space«[139]
umgeben sind.

3.3.1.2 Transformation der Checklisten und Formulare

In HTML können Formulare erstellt werden, in denen der Anwender Eingaben vornehmen
kann. Bei der Verwendung von Formularen in einem HTML-Browser besteht allerdings der
Nachteil, daß bei einem Ausdruck des Formulars die Inhalte nicht erscheinen. Die einzige
Möglichkeit, dies zu umgehen, besteht in der Generierung eines neuen Dokumentes, welches
das Formular mit den Eingaben zusammen darstellt und dann ausgedruckt werden kann. Es
ist in HTML möglich, mittels eines sogenannten CGI-Skripts[140] (Common Gateway Interface)
auf den Inhalt der Formularfelder zuzugreifen und auf diese Weise auszulesen. Anschließend
können die Daten von dem CGI-Skript weiterverarbeitet und beispielsweise als E-Mail (Electronic Mail)[141] verschickt werden. Das Problem bei der Nutzung eines CGI-Skripts ist die
Plattformabhängigkeit, da ein CGI-Skript ein kleines Programm ist, welches in einer Sprache
wie beispielsweise C++ programmiert wird und auf einem Server läuft. Dieser Nachteil wird
durch eine Programmierung in JavaScript vermieden.

Die Formulare und Checklisten liegen in den BTÖV-Dokumenten als Tabellen vor und
können direkt als Grundlage für die weitere Programmierung verwendet werden. Die Darstellung eines Formulars direkt nach der Konvertierung ist in Abb. 12 zu sehen.

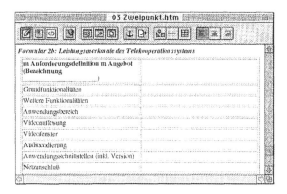

Abb. 12: Formular direkt nach der Konvertierung nach HTML

---

[139] Vgl. Kapitel 2.2.3.1

[140] Das CGI stellt eine Schnittstelle zwischen dem Web-Server und anderen Programmen dar. Diese Programme können auf dem Server gestartet werden und auf Inhalte, welche in dem Browser dargestellt
oder eingegeben wurden, zugreifen und dann weiterverarbeiten. [Vgl. Koch /JavaScript 1997/ 6 ff.]

[141] „Mitteilung in Form von Text-, Bild- o. digitalisierten Sprachinformationen, die über ein Kommunika-
tionssystem, z.B. ein Netzwerk, eine Mailbox o. einen Online-Dienst versendet werden."
[Vgl. Irlbeck /Computer-Englisch 1995/ 224 f.]

Man sieht auch hier, daß manuelle Nacharbeit notwendig ist, da in der Kopfzeile eine Auswahl zwischen den Punkten »Anforderungsdefinition« und »Angebot« angeboten wird, die aber nicht konvertiert wurde. Bei dem Punkt »Angebot« kann zusätzlich noch eine Bezeichnung angegeben werden. Die Änderungen werden in einem HTML-Editor durchgeführt, indem in der Kopfzeile hinter »Angebot« ein Feld für eine Texteingabe angelegt wird, und Formularelemente für Fließtext in jede Zelle der Tabelle eingefügt werden, in denen Eingaben durch den Anwender vorgenommen werden. Jedes Eingabefeld erhält einen eindeutigen Namen, damit per JavaScript auf das Feld zugegriffen werden kann. Nachdem dieser Schritt vollzogen ist, stellt sich das Formular in einem HTML-Browser wie in Abb. 13 dar. In der Kopfzeile kann mittels der Radiobuttons festgelegt werden, welche Überschrift der generierte Report erhalten wird.

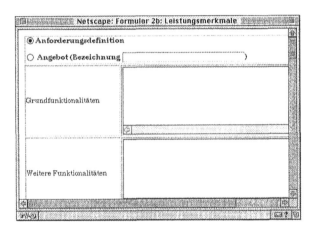

Abb. 13: Darstellung eines Formulars in einem HTML-Browser

Abb. 14: Aktionsknöpfe in den Formularen

Am Ende jedes Formulars werden die zwei Knöpfe aus Abb. 14 angezeigt, mit denen man die Funktion »Report generieren« oder »Formular löschen« auslösen kann. Bei Aktivierung des Knopfes »Formular löschen« werden die Eingabefelder gelöscht. Bei Klick auf den Knopf »Report generieren« werden die Eingaben in den Formularfeldern ausgelesen, ein neues Fenster erzeugt und eine Tabelle mit den Eingaben aus dem Formular generiert. Diese kann dann ausgedruckt oder auf ein Speichermedium gesichert werden. Zur Zeit ist es aus Sicherheitsgründen nicht erlaubt, daß JavaScripts direkten Zugriff, sowohl lesend wie auch schreibend, auf ein lokales Speichermedium erhalten. Dies geschieht zum einen, um die Verbreitung von Viren oder das ungewollte Löschen von Dateien zu verhindern, und zum anderen aus datenschutzrechtlichen Gründen. Ansonsten könnte man Dateien von der Festplatte öffnen und über ein Netzwerk, wie das Internet, verschicken.[142] Diese Sicherheitsvorkehrungen können nur umgangen werden, wenn ein Server eingerichtet wird, auf dem die Daten mittels eines CGI-Skripts in einer Datenbank gespeichert werden. Diese Option entfällt jedoch aufgrund der Beschränkung, daß der Hypertext auch lokal von CD-ROM lauffähig sein muß.

```
<SCRIPT language="JavaScript">

function CheckListErzeugen() {
<!-- neues Fenster erzeugen -->
Formular = open("", "displayWindow", "height=400, width=200");
Formular.document.open();

<!-- Ueberpruefen, welcher Radiobutton markiert ist und Inhalt auslesen -->
if (document.Rahmen.AnfAng[0].checked) strTitel="Anforderung"
else strTitel="Angebot " + document.Rahmen.Bezeichnung.value;

<!-- Array mit Inhalten der Textarea-Felder erzeugen -->
arrayCL = new Array(16);
...
arrayCL[15]=new String(document.Rahmen.Weiter.value);

<!-- Array gefüllt; Neues Fenster mit Tabelle ausgeben -->
Formular.document.write('<!DOCTYPE HTML PUBLIC "-//W3C//DTD HTML 3.2 Final//EN">');
Formular.document.write('<HTML>');
Formular.document.write('<HEAD> <TITLE>' + strTitel + '</TITLE> </HEAD>');
Formular.document.write('<BODY> <P> <CENTER> <P><B> <I>Formular 2b<BR>' +
'Leistungsmerkmale</B></I></P><B> <I>' + strTitel + '</I> </B> </CENTER> </P>'+
...
'<TR> <TD WIDTH=50% VALIGN=top> <P>' + 'Weitere Besonderheiten' +
'</TD> <TD WIDTH=50% VALIGN=top> <P>' + arrayCL[15] +'</P></TD> </TR>' +
'</TABLE> </CENTER></HTML>');
Formular.document.close();
} <!-- CheckListErzeugen -->

</SCRIPT>
```

Tabelle 6: Generierung der Formularausgabe in JavaScript

Nach dem Klick auf den Knopf »Report generieren« wird die Funktion »CheckListErzeugen« aufgerufen, die in Tabelle 6 auszugsweise dargestellt wird. Zuerst wird ein neues Fenster erzeugt und dann geprüft, welcher Radiobutton aktiviert ist, um die Variable »strTitel« mit dem entsprechenden Wert für die spätere Ausgabe zu füllen. Danach wird der Inhalt der einzelnen Eingabefelder ausgelesen und in einem Array[143] gespeichert. Jetzt schreibt man mit dem JavaScript-Befehl »document.write« den HTML-Code direkt in das Fenster und der HTML-Browser interpretiert diese Eingabe, als ob eine HTML-Datei eingelesen wird. Zuerst wird der obligatorische HTML-Header[144] und anschließend der Code für die Überschrift und

---

[142] Vgl. Koch /JavaScript 1997/ 371 ff

[143] „Eine Gruppe von Variablen, die unter einem gemeinsamen Namen gespeichert sind."
[Irlbeck /Computer-Englisch 1995/ 58]

[144] „Spezieller Bereich am Anfang einer Datei, in dem wichtige Strukturinformationen gespeichert werden."
[Irlbeck /Computer-Englisch 1995/ 298]

die Tabelle geschrieben. Nun füllt man die einzelnen Zellen der Tabelle mit Inhalt, indem der Code für die Zellen in der linken Spalte direkt in das Fenster geschrieben wird und daher wie in dem Formular inklusive der Umlaute erscheint. Für die rechte Seite des Formulars wird der Inhalt der Array-Variablen hineinkopiert, mit dem Nachteil, daß hier die Umlaute nicht korrekt dargestellt werden. Dafür müssen in den Variablen die Umlaute durch den entsprechenden HTML-Code ersetzt werden, da beispielsweise der Buchstabe »ä« durch »ä« in HTML repräsentiert wird. Dies ist mit JavaScript nicht möglich, da die String-Operationen zur Zeit nicht mit internationalen Zeichensätzen zusammenarbeiten und die Vergleichsfunktion nicht korrekt mit Umlauten funktioniert. Damit ist die Programmierung einer »Ersetzen«-Funktion in JavaScript unmöglich. Dieser Nachteil kann nur durch die Beschränkung auf Texteingaben ohne Verwendung von Umlauten umgangen werden. Ist der komplette HTML-Code in das Fenster geschrieben worden, schließt man die Eingabe mit dem Befehl »document.close« ab, und das Formular wird in einem HTML-Browser wie in Abb. 15 angezeigt.

Abb. 15: Mittels JavaScript generierter Report

3.3.2 On-Demand-Szenario

3.3.2.1 Verknüpfung von Informationen durch Links

Die Verknüpfung der Informationen durch Links kann in einem Hypertext auf zwei Arten erfolgen: der Verknüpfung in einer linearen Art und in einer Netzwerkstruktur. Durch die lineare Verknüpfung wird gewährleistet, daß alle Dokumente von dem Leser erreicht werden können. Die Verknüpfung in linearer Art wird durch die Verfügbarkeit von Navigationsknöpfen gewährleistet, durch der der Leser in die Lage versetzt wird, sich unabhängig von den »Zurück« und »Vorwärts«-Tasten des Browsers durch den Hypertext zu bewegen.[145] Die Erstellung von Links in einer Netzwerkstruktur muß jedoch geplant werden, da man nicht einfach alle Dokumente untereinander verknüpfen kann, nur weil die Möglichkeit zur Verknüpfung vorhanden ist.[146] Bei der Verknüpfung zwischen verschiedenen Hypertext-Knoten

---

[145] Vgl. Kapitel 3.2.1

[146] Vgl. Sano /Designing large-scale web sites 1996/ 87

in Form einer Netzwerk-Struktur müssen nach *George Landow*[147] die folgenden Punkte beachtet werden, um einen Nutzen für den Anwender zu schaffen:

- Der Leser erwartet einen wichtigen Zusammenhang zwischen den verknüpften Informationen.

- Wenn dieser Zusammenhang fehlt und der Leser nach der Aktivierung des Links nicht weiß, warum ihm diese Informationen präsentiert werden, ist er verwirrt und verärgert.

- Das relationale Denken wird durch die sinnvolle Verknüpfung von Informationen unterstützt und gefördert.

Thüring/Haake/Hannemann[148] stellen verschiedene Link-Typen vor, anhand derer man die Stellen in einem Knoten finden kann, die mit einem Link versehen werden sollen:

- »**Content Link**«: Die Inhalte zwischen Quell- und Ziel-Knoten hängen voneinander ab. Beispielsweise wird ein Begriff aus dem Quell-Dokument in dem Zieldokument ausführlich erklärt.

- »**Sequencing Link**«: Dieser Link zeigt von dem Quell- auf ein Ziel-Dokument, wenn diese linear voneinander abhängen. Diese Art von Link wird beispielsweise bei den Navigationsknöpfen[149] benutzt. In der Literatur wird auch der Begriff »**Hierarchical Link**« benutzt.[150]

Die Verknüpfung von Informationen ist das zentrale Konzept von Hypertext. Die Vor- und Nachteile werden in der Literatur aufgeführt, allerdings ohne auf die praktische Realisierung einzugehen; stattdessen wird auf die Strukturierung der Informationen hingewiesen, die als Basis für die Linkerstellung dient.[151] Die Erstellung der Links in Abhängigkeit von bestimmten Schlüsselwörtern, die einer automatischen Erstellung der Links entgegen kommen würde, kann im Zusammenhang mit der ersten Forderung von *George Landow* nicht empfohlen werden, da die Relevanz einer Verknüpfung nicht überprüft wird. In diesem Fall besteht die große Gefahr des Kohärenzverlustes und der Verwirrung des Lesers. Somit liegt die Entscheidung bei dem Autor, der aufgrund seiner Erfahrung, Intuition und den oben beschriebenen Regeln die Plazierung der Links festlegt.

Bei der praktischen Link-Erstellung in HTML steht dem Vorteil der Frame-Technik, der besseren Orientierung des Benutzers in dem Hypertext, der Nachteil eines hohen manuellen Aufwands für den Autor bei der Erstellung der Links gegenüber. In Abhängigkeit von dem Ziel-Knoten müssen ein, zwei oder alle drei Frames mit Inhalten gefüllt werden. Befindet sich der

---

[147] Vgl. Landow /Rhetoric of Hypermedia 1991/ 82 f.
[148] Vgl. Thüring, Haake, Hannemann /Incoherent hyperdocuments 1991/ 8 ff.
[149] Vgl. Kapitel 3.2.1
[150] Vgl. Horn /Mapping Hypertext 1989/ 42 oder Mohageg /Hypertext Linking 1992/ 354
[151] Vgl. Sano /Designing large-scale web sites 1996/ 87 ff.

Leser beispielsweise im Kapitel »Anwendungsszenarien« und aktiviert einen Link auf das Kapitel »Gestaltungsempfehlungen«, müssen die Menügrafik, die neue Überschrift und das Knotendokument geladen werden. Bewegt er sich aber innerhalb eines Unterkapitels, werden die Menügrafik und die Überschrift beibehalten, und nur das Knotendokument wird neu geladen. Dies stellt im Zusammenhang mit der Linkerstellung in HTML ein Problem dar, da nur ein einzelnes Dokument bei der Aktivierung eines Links geladen werden kann. Das Link-Tag hat in HTML folgendes Aussehen:[152] »<A HREF="Dateiname" TARGET="Framename"> Linktext </A>«. Bei dem Attribut »HREF« gibt man den Namen der Datei an, die in den Zielframe, durch das Attribut »TARGET« spezifiziert, geladen wird. Wenn das gesamte Fenster neu mit Inhalten gefüllt werden soll, benutzt man als Attributwert »_top«; falls ein neues Fenster erstellt werden soll, wird der Attributwert »_blank« verwendet.[153] Dies hat zur Folge, daß für jeden Knoten und für jeden Anker eines Knotens, welcher per Link erreichbar ist, zwei zusätzliche HTML-Dokumente programmiert werden müssen. Durch das eine Dokument werden die Frames mit der Überschrift und dem Knotendokument gefüllt, bei dem anderen alle drei Frames. Dieser Zusatzaufwand ist aber im Hinblick auf die bessere Orientierung und das bessere Verständnis des Lesers gerechtfertigt.

In Abb. 16 sieht man auf der linken Seite die Ansicht im Browser und auf der rechten Seite den dazugehörigen Quellcode. Das Einfügen der Link-Tags muß derzeit noch manuell erfolgen, da die HTML-Editoren in der Behandlung von Frames zur Zeit starke Schwächen aufweisen, insbesondere bei der Erstellung von Links zwischen Frames. Desweiteren löschen die HTML-Editoren auch diejenigen Tags, die sie nicht kennen und verarbeiten können. Aufgrund dieser Tatsache fügt man die Tags für die Links besser in einem Texteditor ein, der vorzugsweise eine Makrofunktion besitzt, um das Einfügen der Tags weitgehend zu automatisieren.

Abb. 16: Darstellung der Links im Browser und im Editor

Bei der Konversion der BTÖV-Dokumente wurden die in den Dokumenten vorhandenen Verweise in Links umgewandelt. Beispielsweise enthält die in Abb. 16 dargestellte Tabelle in dem gedruckten Dokument hinter jedem Eintrag die entsprechende Kapitelnummer, welche

---

[152] Vgl. Tolksdorf / Die Sprache des Web: HTML 3 1996/ 44 f.

[153] Vgl. Sano / Designing large-scale web sites 1996/ 255 ff.

jedoch durch einen Link ersetzt wurde. Zusätzlich zu den in den Dokumenten vorhandenen Verweise wurden Links auf die anderen Kapitel eingefügt. Dabei ist die Anzahl der Links bewußt gering gehalten worden, um eine Überfüllung der Knoten durch Links zu vermeiden. Abb. 17 zeigt an einem Knoten aus dem Kapitel »On-Demand-Szenario« den Einsatz der Links auf die Hauptkapitel »BTÖV-Methode« und »Bedarfsschätzung«.

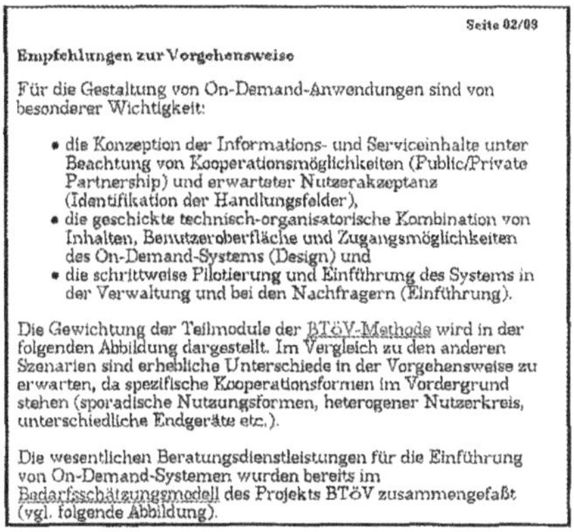
Seite 02/09

Empfehlungen zur Vorgehensweise

Für die Gestaltung von On-Demand-Anwendungen sind von besonderer Wichtigkeit:

- die Konzeption der Informations- und Serviceinhalte unter Beachtung von Kooperationsmöglichkeiten (Public/Private Partnership) und erwarteter Nutzerakzeptanz (Identifikation der Handlungsfelder),
- die geschickte technisch-organisatorische Kombination von Inhalten, Benutzeroberfläche und Zugangsmöglichkeiten des On-Demand-Systems (Design) und
- die schrittweise Pilotierung und Einführung des Systems in der Verwaltung und bei den Nachfragern (Einführung).

Die Gewichtung der Teilmodule der BTÖV-Methode wird in der folgenden Abbildung dargestellt. Im Vergleich zu den anderen Szenarien sind erhebliche Unterschiede in der Vorgehensweise zu erwarten, da spezifische Kooperationsformen im Vordergrund stehen (sporadische Nutzungsformen, heterogener Nutzerkreis, unterschiedliche Endgeräte etc.).

Die wesentlichen Beratungsdienstleistungen für die Einführung von On-Demand-Systemen wurden bereits im Bedarfsschätzungsmodell des Projekts BTÖV zusammengefaßt (vgl. folgende Abbildung).

Abb. 17: Links vom Kapitel »Gestaltungsempfehlung:On-Demand-Szenario« auf andere Kapitel innerhalb des Hypertextes

Bei der Markierung der Links muß man dem Leser durch die Wahl des Link-Textes (der Text der innerhalb der <A>- und </A>-Tags steht) einen Hinweis geben, wohin der Link führt.[154] Wie in Abb. 17 zu sehen ist der Begriff »BTÖV-Methode« als Link markiert, so daß der Leser weiß, daß er über diesen Link zu dem Kapitel über die »BTÖV-Methode« gelangt. Eine schlechte Wahl für die Markierung des Links wäre beispielsweise bei dem Satz »Wenn sie mehr über die BTÖV-Methode, die vier Ausgangsmethoden unter einem einheitlichen Schema integriert, wissen möchten, klicken Sie bitte hier.« das Wort »hier«, da der Leser sich erst wieder an den Satzanfang erinnern oder diesen nochmals durchlesen muß, um das Ziel des Links zu erkennen.

3.3.2.2 Einbindung von Beispielen

In den BTÖV-Dokumenten sind viele Beispiele enthalten, welche in der gedruckten Fassung mit einem grauen Hintergrund hinterlegt sind, um sie von dem restlichen Text abzuheben. Diese Darstellungsmöglichkeit ist in HTML nicht möglich und würde auch aufgrund der Platzbeschränkung in den Knoten bei umfangreichen Beispielen zu Inkonsistenzen führen. Daher werden die Beispiele als separate HTML-Dateien angelegt, die in den Knoten dann als Link erscheinen (siehe Abb. 18).

[154] Vgl. Landow /Rhetoric of Hypermedia 1991/ 97

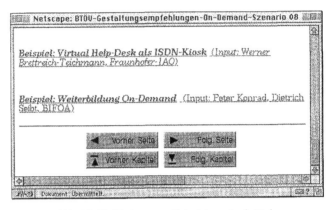

Abb. 18: Einbindung von Beispielen mittels Links

Bei der Erstellung der Beispiele wurde der Knotengröße keine Beachtung geschenkt, so daß der Umfang der Beispiele von einem kurzen mehrzeiligen Text bis hin zu mehreren Bildschirmseiten betragen kann. Bei der Aktivierung des Links wird ein neues Fenster geöffnet und das komplette Beispiel dargestellt. Die Begründung für die Beschränkung auf ein Fenster mit dem kompletten Beispiel liegt an der kognitiven Last[155] für den Benutzer, wenn er sich in einem Hypertext zurechtfinden und ein mentales Modell von diesem aufzubauen muß. Durch die Verknüpfung von mehreren Knoten innerhalb des Beispiels müßte er ein mentales Modell[156] sowohl von dem Hypertext als auch von dem Beispiel aufbauen. Da diese Erhöhung der kognitiven Last eine unnötige Erschwernis der Benutzung des Hypertextes darstellt, wird auf die Verteilung der Beispiele auf mehrere Knoten verzichtet.

3.3.3 Einrichtung eines Informationspool

Der Informationspool dient dem Anwender als Nachschlagewerk, in dem die wichtigsten Begriffe der BTÖV-Dokumente kurz erklärt werden. Dazu wurde das in der gedruckten Version vorhandene Glossar als Basis benutzt und durch Navigationshilfen erweitert.

In Abb. 19 sieht man im oberen Teil zwischen den beiden horizontalen Linien den Index in Form des Alphabets, wodurch man bei der Aktivierung eines Links zu dem Abschnitt gelangt, in dem sich die Begriffe mit diesem Anfangsbuchstaben befinden. Zusätzlich wird zwischen den Zielknoten der Links in der »Begriff«- und »Definition«-Spalte unterschieden. Die Links in der »Begriff«-Spalte verweisen auf die Hauptabschnitte zu diesen Themen, beispielsweise gelangt man über den Link »Anwendungsszenario« zu dem Kapitel »Zusammenfassung« im Abschnitt »Anwendungsszenario«. Die Links in der »Definition«-Spalte zeigen auf die Erklärung dieses Begriffes innerhalb des Glossars. Bei der Aktivierung des Links »Rolle« im

---

[155] Vgl. Kapitel 2.1.3

[156] Vgl. Kapitel 2.1.1.4

Begriff »Akteur« wird beispielsweise die Definition von »Rolle« aus dem Glossar angezeigt. Die Aufteilung der Link-Ziele innerhalb des Glossars stellt einen Kompromiß dar, da in HTML keine typisierten Links[157] vorgesehen sind. Dieses Konzept kann auch nicht durch unterschiedliche Färbung nachgebildet werden, da Links innerhalb eines Dokumentes nur eine Farbe annehmen können.

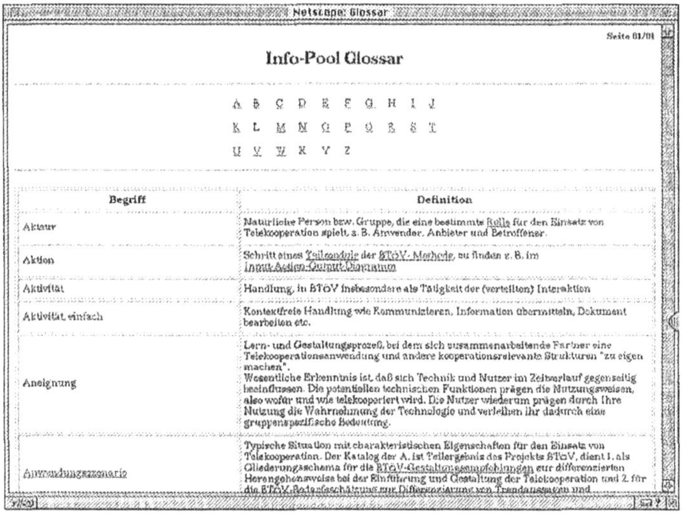

Abb. 19: Darstellung des Glossars im Abschnitt »Info-Pool«

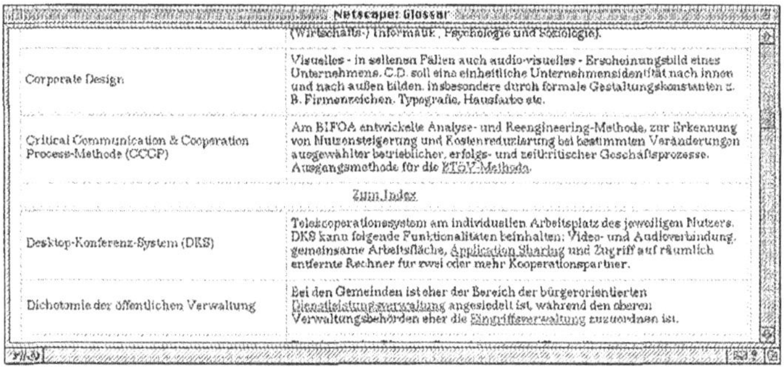

Abb. 20: Positionierung des Index-Links im Abschnitt »Info-Pool«

---

[157] Der Begriff »typisierter Link« ist analog dem Begriff »typisierter Knoten« (Vgl. Conklin /Hypertext: An Introduction and Survey 1987/ 36] gewählt, wobei »typisierter Knoten« durch den Einsatz von Farbe oder Form gekennzeichnet werden, und dadurch unterschieden werden können.

Um eine einfache Bedienbarkeit zu gewährleisten und langwieriges Scrollen mittels des Rollbalkens zu vermeiden, wurde zwischen den Begriffen ein Link eingefügt, der den Leser bei Aktivierung wieder zum Index am Anfang des Knotens zurückbringt (siehe Abb. 20). Dieser Index-Link ist regelmäßig im Anschluß an die Begriffe eines Buchstabens verfügbar, so daß der Leser durch kurzes Scrollen einen dieser Links erreichen kann.

4 Handlungsempfehlungen

4.1 Vorgehensweise bei der Transformation

Die Vorbereitungen für eine Transformation von linearen Dokumenten in einen Hypertext müssen sorgfältig durchgeführt werden, da es eine Vielzahl von Parametern gibt, die den Erfolg dieser Transformation beeinflussen.

Zuerst muß man anhand der Struktur der Dokumente entscheiden, ob eine Transformation überhaupt sinnvoll ist, indem ein Mehrwert gegenüber der gedruckten Version geschaffen wird. Diese Entscheidung kann beispielsweise auf Grundlage der »Drei goldenen Regeln«[158] von *Ben Shneiderman* getroffen werden. Die Dokumentation des BTÖV-Projektes entspricht beispielsweise allen drei Regeln. Die Projektdokumentation kann dem Gebiet »Einweisung« zugeordnet werden, entsprechend einer von *Kreitzberg/Shneiderman*[159] vorgestellten Kategorisierung von hypertextgeeigneten Dokumenten.

Kommt man zu einem positiven Ergebnis für die Transformation, wählt man im nächsten Schritt ein Hypertextsystem aus, das für die Entwicklung benutzt wird.[160] Hierbei muß man die Anforderungen an das Entwicklungssystem definieren und die Stärken und Schwächen der verschiedenen Systeme bewerten.

Da an den Autor eines Hypertextes zusätzliche Ansprüche in den Bereichen Softwareentwicklung, Grafikdesign, Benutzerschnittstellendesign, Kommunikationsdesign und Linguistik gefordert werden, bietet sich die Bildung eines Entwicklungsteams an.[161] Dies muß auch hinsichtlich des Umfangs der zu konvertierenden Dokumente entschieden werden, der beispielsweise bei dem Projekt BTÖV circa 1.200 DIN-A4-Seiten umfaßt. Die Abstimmung der Teammitglieder bei der Entwicklung muß durch Vorgaben in Form von Gestaltungsrichtlinien erfolgen, damit eine einheitliche Gestaltung des Hypertextes erfolgt.[162]

Bei der Hypertextentwicklung kann man derzeit auf keine methodische Unterstützung des Entwicklungsprozesses zurückgreifen, welche die speziellen Anforderungen berücksichtigt. Dazu sind die eingesetzten Technologien zu neuartig und einer ständigen Weiterentwicklung unterworfen. Derzeit sind auch eine Vielzahl von Hypertextumgebungen verfügbar, die sich in den zugrundeliegenden Konzepten so stark unterscheiden, daß eine einheitlich gültige

---

[158] Vgl. Kapitel 2.1.2
[159] Vgl. Kapitel 2.1.2
[160] Vgl. Kapitel 2.3
[161] Vgl. Kapitel 3.2.1
[162] Vgl. Kapitel 3.2

Methodik nicht entwickelt werden kann. Somit kann man bis zu der Einführung einer geeigneten Methodik dem Ratschlag von *Axel Schwickert* folgen, der eine Anlehnung an das Spiralmodell von *Barry Boehm* empfiehlt.[163]

Vor dem Beginn der Programmierung muß ein Plan erstellt werden, wie die Inhalte in dem System organisiert werden, und eine Grobplanung der Verknüpfungen zwischen den Inhalten durchgeführt werden. *Darrell Sano*[164] empfiehlt eine visuelle Entwurfsmethode, die vor allem bei der Teamentwicklung von Vorteil ist. Dabei wird die Strukturierung und die Verknüpfungen der Informationen grafisch verdeutlicht.[165] Für die Strukturierung können allerdings keine generellen Richtlinien angegeben werden, da die Inhalte und der Aufbau der linearen Dokumente sowie die Zielgruppe der Anwender zu unterschiedlich sind. Wenn die Zielgruppe und damit die Informationsbedürfnisse eingegrenzt werden können, muß man versuchen, ein zu den Anwendern kompatibles mentales Modell zu erschaffen, welches man der Gestaltung und Entwicklung zugrunde legen kann. Wenn die Zielgruppe jedoch nicht eingegrenzt werden kann, muß man die zu unterstützende Aufgabe sehr genau analysieren und verstehen. Die Gleichbehandlung von Grund- und Detailinformationen muß dabei gewährleistet sein, um sowohl Einsteiger wie auch erfahrene Anwender zu unterstützen.[166]

Daran schließt sich die Entwicklung des Hypertextes an, für die in den folgenden Kapiteln die Handlungsempfehlungen ausführlich dargestellt werden. Es muß bei der Programmierung darauf geachtet werden, die späteren Anwender frühzeitig in die Entwicklung einzubeziehen, um die Schwächen des Systems zu eliminieren.[167]

4.2 Gestaltung der Benutzerschnittstelle

Im Rahmen der Entwicklung des BTÖV-Hypertextes hat sich gezeigt, daß auf die Gestaltung der Benutzerschnittstelle ein Großteil der Planungszeit verwendet wurde. Dazu wurde eine prototypische Vorgehensweise gewählt, bei der verschiedene Konzepte für die Gestaltung entwickelt und dann in den Prototypen implementiert wurden. Dabei bildeten die Regeln zur Gestaltung der Benutzerschnittstelle[168] den Grundrahmen. Für die Entwicklung des BTÖV-Hypertextes wurden beispielsweise sieben Prototypen hergestellt, die sich vor allem in der Aufteilung des Bildschirmes und der Gestaltung der am Bildschirm dargestellten Elemente unterscheiden. Die Aufteilung des Bildschirmes wurde besonders kritisch untersucht, da der Verbesserung der Orientierung des Lesers durch den Einsatz von ständig sichtbaren Orientierungshilfen eine Erhöhung der Programmkomplexität durch die Verwendung von Frames gegenüberstand.[169]

---

[163] Vgl. Kapitel 3.2.1

[164] Vgl. Sano /Designing large-scale web sites 1996/ 82 ff.

[165] Vgl. zu der Strukturierung der Inhalte Abb. 5

[166] Vgl. Kapitel 2.1.3.2, Kapitel 2.2.2.3 und Kapitel 3.2.1.2

[167] Vgl. Kapitel 2.2.2.3

[168] Vgl. Kapitel 2.2.2 und 2.2.3

[169] Vgl. Kapitel 3.2.1

Schon bei der Entwicklung der Prototypen traten Schwierigkeiten bei der Konvertierung der Grafikdateien zwischen Vektor- und Pixelgrafikformaten auf. Das Layout der Menüs und Grafikelemente wurde in einem Vektorgrafikprogramm entworfen, da dort die Kontrolle über die Plazierung von Text und die verschiedenen Grafikelemente exakt möglich ist und nachträgliche Änderungen leichter durchgeführt werden können. Da die Vektorgrafiken in das für die Darstellung in HTML-Browsern notwendige GIF-Format konvertiert werden müssen, wurden die Vektorgrafiken im EPS-Format (Encapsulated Postscript) exportiert, um die exakte Positionierung der Vektorgrafiken und Postscript-Schriften beizubehalten. Bei dem Import der EPS-Dateien in ein pixelorientiertes Grafikprogramm wurden die Farben allerdings so stark verfälscht, daß ein anderer Weg eingeschlagen werden mußte. Es zeigte sich, daß der Farbton nur bei einem Export im TIFF-Format unverändert bleibt. Bei den ersten Tests in einem HTML-Browser auf den verschiedenen Computer-Plattformen trat sofort das Problem der unterschiedlichen Farbpaletten auf, wodurch das Dithering der Farben hervorgerufen wird. Dies konnte durch die Verwendung der »Web216«-Farbpalette[170] jedoch im weiteren Verlauf der Entwicklung verhindert werden.

Bei der Gestaltung der Benutzerschnittstelle hat sich auch gezeigt, daß eine Schrift mit Serifen wie die Schrift »Times« beim Export in einer niedrigen Auflösung schlecht lesbar wird, da die Serifen teilweise wegfallen und ihren Zweck nicht mehr erfüllen.[171] Daher muß eine Serifen-lose Schrift für die Beschriftung der Grafikelemente gewählt werden. Die Knöpfe und die Schrift wurden mit Schatten versehen, um einen drei-dimensionalen Eindruck zu erzeugen. Dieser Effekt konnte allerdings nicht in einer akzeptablen Qualität in das GIF-Format übertragen werden. Somit mußten die Schatteneffekte nachträglich in einem pixelorientierten Grafikprogramm erstellt werden, um eine möglichst hohe Bildqualität zu erreichen. Um eine schnelle Darstellung der grafischen Elemente am Bildschirm zu gewährleisten und die Dateigröße zu begrenzen, kann man die Grafikauflösung auf 72 dpi reduzieren, ohne daß Qualitätsverluste auftreten.[172]

Die Prototypen müssen auf den verschiedenen Zielplattformen eingehend getestet werden. Dies muß in den verschiedenen Bildschirmauflösungen und Farbtiefen geschehen. Dadurch kontrolliert man einerseits die Farbtreue, die bei der Vermittlung von Informationen durch Farben wichtig ist, und den verfügbaren Platz für die Darstellung der Knoten. Der Platz muß auch bei der niedrigsten Bildschirmauflösung ausreichend dimensioniert sein, so daß übermäßiges Scrollen für den Anwender vermieden wird. Die endgültigen Parameter für Farben und Größen der grafischen Elemente müssen dann in die Gestaltungsrichtlinien einfließen.

---

[170] Vgl. Kapitel 3.2.1
[171] Vgl. Kapitel 2.2.3.2
[172] Vgl. Kapitel 3.2.2.2

4.3 Transformation der Dokumente

Bei der Transformation von konventionellen linearen Dokumenten in einen Hypertext stellt sich die Frage, ob dies weitgehend automatisch erfolgen kann. Die automatische Konvertierung von Dokumenten, beispielsweise von einem Microsoft Word-Dokument nach HTML, muß zur Zeit aufgrund der schlechten Werkzeugunterstützung durch zusätzliche manuelle Arbeit vervollständigt werden. Eine komplette automatische Transformation ist derzeit nicht möglich.

Die aktuell verfügbaren Konvertierungswerkzeuge versuchen die in der Textverarbeitung vorhandenen Formatierungen, wie die Absatzformate, in HTML-Code zu überführen. Desweiteren wird bei jeder Überschrift im Inhaltsverzeichnis ein Link auf den im Text eingefügten Anker erstellt. Der Versuch, die Formatierungen eines Textverarbeitungsdokumentes identisch zu übernehmen, führt zu einem komplizierten Quellcode. Wenn dieses Dokument in einen HTML-Browser eingelesen wird, benötigt die Darstellung eine unverhältnismäßig lange Zeit. Da die automatisch eingefügten Formatierungen derzeit keine Erleichterung darstellen, sondern durch die Komplexität des erzeugten Quellcodes eine Belastung sind, bietet sich eine andere Vorgehensweise an. Dazu werden die zu konvertierenden Texte ohne Formatierungen exportiert und anschließend in einen HTML-Editor eingelesen. Die Formatierungen werden manuell vorgenommen. Dadurch steigt zwar der Aufwand der Konvertierung, aber der auf diese Weise erstellte Code ist einerseits in einem HTML-Browser schneller darstellbar und andererseits wird die Größe der Dateien reduziert. Durch die Erhöhung der Abrufgeschwindigkeit wird außerdem die Anwenderzufriedenheit gesteigert.[173]

Nachdem die Texte konvertiert sind, erfolgt nun die Aufteilung der Dokumente in die einzelnen Knoten des Hypertextes. Bei der Konversion kann man nach *Rainer Kuhlen* auf verschiedene Strategien zurückgreifen.[174] Bei der Anwendung einer oder mehrere Strategien muß man die Aufrechterhaltung der Kohärenz[175] und den aus der Segmentierung resultierenden Umfang der kognitiven Einheiten[176] beachten. Die Größe jedes einzelnen Knoten spielt eine wichtige Rolle. Es muß ein Kompromiß zwischen dem Umfang der in einem Knoten verfügbaren Informationen und der Gefahr des Kohärenzverlustes bei einer zu starken Aufspaltung der Informationen in viele Knoten gefunden werden.[177] Bei der Aufteilung orientiert man sich an den Textinhalten und den Makrostrukturen des Textes. Die Erstellung der Knoten muß von einer Person durchgeführt werden, die weitreichende Kenntnisse über den Inhalte der Dokumente und der vorhandenen Interdependenzen besitzt. Gegebenenfalls muß eine Zusammenfassung der Inhalte stattfinden, wenn ein Knoten zu umfangreich ist, aber nicht in mehrere Knoten aufgeteilt werden kann. Diese Zusammenfassung kann auch nur von einer

---

[173] Vgl. Kapitel 2.1.3.2
[174] Vgl. Kapitel 2.2.1.3
[175] Vgl. Kapitel 2.2.1.1
[176] Vgl. Kapitel 2.2.1.2
[177] Vgl. Kapitel 3.3.1.1

Person durchgeführt werden, die sich intensiv mit dem Thema beschäftigt hat und daher die wichtigen Informationen lokalisieren und zusammenfassen kann.[178]

4.4 Verknüpfung der Informationen

Bei der Planung der Linkerstellung tritt ein ähnlicher Konflikt wie bei der Bestimmung der Knotengröße auf. Durch die Verfügbarkeit von Links wird der Anwender kognitiv belastet, da er die Verzweigungen, die aus dem Einsatz der Links resultieren, in sein mentales Modell einarbeiten muß. Wird der Anwender mit einer zu großen Anzahl von Links konfrontiert, führt dies zu Problemen bei der Erweiterung des mentalen Modells und schließlich zu einer kognitiven Überlast.[179] Es gibt keine allgemeingültige Empfehlung für die Anzahl der Links innerhalb eines Knotens. Die beiden Extreme, jedes beziehungsweise kein Wort als Link zu definieren, können ausgeschlossen werden. Auch die automatische Erstellung von Links aufgrund ausgesuchter Stichworte führt zu keinem befriedigendem Ergebnis. Die in dem Dokument enthaltenen diskontinuierlichen Mittel[180], wie Fußnoten oder Verweise, müssen in Links umgewandelt werden. Zusätzlich können weitere Links eingerichtet werden, wobei der Autor dies abhängig vom Kontext entscheidet.[181] Die Anzahl der Links wird durch die Erfahrung des Autors und den Inhalt der Knoten bestimmt.

Die Kennzeichnung der Links kann durch Farbinformationen unterstützt werden. Der Anwender kann durch die unterschiedliche Färbung der Links erkennen, ob er einen Knoten schon besucht hat oder nicht. Wenn das Hypertextsystem »typisierte Links« unterstützt, kann dadurch der Inhalt des Knotens mitgeteilt werden. In HTML ist dies jedoch nicht möglich, so daß diese Funktion alternativ durch die Formulierung des Linktextes nachgebildet werden kann.[182]

Bei der Implementierung des Hypertextsystems in HTML hat sich gezeigt, daß der Einsatz von Frames, für die Aufteilung des Bildschirms in verschiedene Bereiche, den Leser bei der Orientierung unterstützt. Durch die Verwendung der Frame-Technik ergab sich eine kompliziertere und aufwendigere Programmierung, insbesondere bei der Erstellung der Links.[183] Da die Anwenderorientierung einen hohen Stellenwert besitzt und sich objektive Verbesserungen für den Anwender ergeben, ist der zusätzliche Programmieraufwand gerechtfertigt. Durch die ständige Verbesserung der Software-Werkzeuge für die Hypertexterstellung auf Basis von HTML läßt sich dieser Aufwand zukünftig verringern.

[178] Vgl. Kapitel 2.2.1.4
[179] Vgl. Kapitel 2.1.3.3
[180] Vgl. Kapitel 2.2.1.1
[181] Vgl. Kapitel 3.3.2.1
[182] Vgl. Kapitel 3.3.2.1 und Kapitel 3.3.3
[183] Vgl. Kapitel 3.3.2.1

Literaturverzeichnis

Agosti /An Overview of Hypertext 1996/
Maristella Agosti: An Overview of Hypertext, in: Agosti, M./Smeaton, A. (Hrsg.): Information Retrieval and Hypertext, Boston / Dordrecht / London: Kluwer Academic Publishers, 1996, S. 27-47

Alschuler /Hand-crafted Hypertext 1989/
Liora Alschuler: Hand-crafted Hypertext – Lessons learned from the ACM Experiment, in: Barrett, E. (Hrsg.): The Society of Text: Hypertext, Hypermedia, and the Social Construction of Information, Cambridge u.a.: MIT-Press, 1989, S. 343-361

Alterman /Text Summarization 1992/
Richard Alterman: Text Summarization, in: Shapiro, Stuart C. (Hrsg.): Encyclopaedia of Artificial Intelligence, 2. Auflage, New York: Wiley, 1992, S. 1579-1587

Behr /Das Filesystem der ISO 9660 CD-ROM 1995/
Bernd Behr: Tiefenstruktur - Das Filesystem der ISO 9660 CD-ROM, in: c't Magazin für Computertechnik, April 1995, S. 390-396

Boehm /Spiral Model 1986/
Barry W. Boehm: A Spiral Model of Software Development and Enhancement, in: ACM SIG Software Engineering Notes, 11, S. 22-42

Branagan, Sierra /The Frame Handbook 1994/
Linda Branagan, Michael Sierra: The Frame Handbook, Sebastopol: O'Reilly & Associates, 1994

Brettreich-Teichmann /On-Demand-Szenarien 1996/
Werner Brettreich-Teichmann: On-Demand-Szenarien, in: BIFOA u.a. (Hrsg.): Das Verbundprojekt BTÖV - Bedarf für Telekooperation in der öffentlichen Verwaltung: Teil II - Anwendungsszenarien (interner Projektbericht), o. O.: o. V., 1996, S. 23-26

Brockmann /Writing better computer user documentation 1986/
John R. Brockmann: Writing better computer user documentation: from paper to online, New York: Wiley, 1986

Brown, Day /Macrorules for Summarizing Text 1983/
Ann L. Brown, Jeanne D. Day: Macrorules for Summarizing Text: The Development of
Expertise, in: Journal of verbal learning and verbal behavior, 22(1), S. 1-14

Bush /As we may think 1945/
Vannevar Bush: As we may think, in: Atlantic Monthly, July 1945, S. 101-108

Conklin /Hypertext: An Introduction and Survey 1987/
Jeff Conklin: Hypertext: An Introduction and Survey, in: IEEE Computer, September 1987,
S. 17-41

Corzelius /Alles unter einem Dach 1989/
Peter Corzelius: Alles unter einem Dach - IBMs Konzept SAA, in: c't Magazin für Computertechnik, August 1989, S. 162-164

Dalitz, Heyer /Hyper-G 1995/
Wolfgang Dalitz, Gernot Heyer: Hyper-G: das Internet-Informationssystem der 2. Generation, Heidelberg: dpunkt, 1995

Endres-Niggemeyer, Maier, Sigel /Naturalistic model of abstracting 1995/
Brigitte Endres-Niggemeyer, Elisabeth Maier, Alexander Sigel: How to implement a naturali-
stic model of abstracting: four core working steps of an expert abstractor, in: Information Processing & Management, Vol. 31, No. 5, S. 631-674

Engelschall /Optimale Darstellung von Grafiken im WWW 1997/
Ralf S. Engelschall: Optimale Darstellung von Grafiken im WWW – Der kleine Unterschied,
in: iX Magazin für professionelle Informationstechnik, April 1997, S. 162-167

Engesser /Duden »Informatik« 1993/
Hermann Engesser: Duden »Informatik« : ein Sachlexikon für Studium und Praxis, 2. Auflage,
Mannheim u.a.: Dudenverlag, 1993

Flohr /Hyper-G Organizes the Web 1995/
Udo Flohr: Hyper-G Organizes the Web, in: Byte, November 1995, S. 59-64

Galitz /User-interface screen design 1993/
Wilbert O. Galitz: User-interface screen design, Wellesley: QED Information Sciences, 1993

Götze /Die neue deutsche Rechtschreibung 1996/
Lutz Götze: Die neue deutsche Rechtschreibung, München: Lexikographisches Institut, 1996

Gould u. a. /Reading from CRT Displays 1987/
John D. Gould u. a.: Reading from CRT Displays Can Be as Fast as Reading from Paper, in: Human Factors, 29(5), S. 497-517

Günther /Das neue Macintosh-HyperCard 2.0 1990/
Carsten Günther: Zweiter Meilenstein - Das neue Macintosh-HyperCard 2.0, in: c't Magazin für Computertechnik, Oktober 1990, S. 194-202

Hall, Davis, Hutchings /Rethinking Hypermedia 1996/
Wendy Hall, Hugh Davis, Gerard Hutchings: Rethinking Hypermedia: The Microcosm Approach, Boston / Dordrecht / London: Kluwer Academic Publishers, 1996

Horn /Mapping Hypertext 1989/
Robert E. Horn: Mapping Hypertext: The Analysis, Organization, and Display of Knowledge for the Next Generation of On-Line Text and Graphics, Lexington: Lexington Institute, 1989

Irlbeck /Computer-Englisch 1995/
Thomas Irlbeck: Computer-Englisch, 2. Auflage, München: C. H. Beck, 1995

Johnson-Laird /Mental models 1983/
P. N. Johnson-Laird: Mental models, Cambridge: University Press, 1983

Kerres /Entwicklung multimedialer Lehr-Lern-Umgebungen 1996/
Michael Kerres: Entwicklung multimedialer Lehr-Lern-Umgebungen - Aktuelle Konzepte und Werkzeuge von Instruktionsdesign und Courseware-Engineerings, in: Theorie und Praxis der Wirtschaftsinformatik, März 1996, S. 42-53

Kintsch, van Dijk /Recalling and Summarizing Stories 1977/
Walter Kintsch, Teun A. van Dijk: Cognitive Psychology and Discourse: Recalling and Summarizing Stories, in: Dressler, W. (Hrsg.): Current trends in textlinguistics, Berlin / New York: de Gryter, 1977, S. 61-80

Koch /JavaScript 1997/
Stefan Koch: JavaScript - Einführung, Programmierung, Referenz, Heidelberg: dpunkt, 1997

Konrad, Seibt /Das Projekt BTÖV 1996/
Peter Konrad, Dietrich Seibt: Das Projekt BTÖV, in: BIFOA u.a. (Hrsg.): Das Verbundprojekt
BTÖV - Bedarf für Telekooperation in der öffentlichen Verwaltung : Teil I - Das Projekt BTÖV
(interner Projektbericht), o. O.: o. V., 1996, S. 1-23

Konrad, Seibt /Grundlagen zu den Anwendungsszenarien 1996/
Peter Konrad, Dietrich Seibt: Grundlagen zu den Anwendungsszenarien, in:
BIFOA u.a. (Hrsg.): Das Verbundprojekt BTÖV - Bedarf für Telekooperation in der öffentlichen
Verwaltung: Teil II - Anwendungsszenarien (interner Projektbericht), o. O.: o. V., 1996, S. 2-7

Konrad, Seibt /Gestaltungsempfehlungen Teil V.1 1996/
Peter Konrad, Dietrich Seibt: Gestaltungsempfehlungen Teil V.1, in: BIFOA u.a. (Hrsg.): Das
Verbundprojekt BTÖV - Bedarf für Telekooperation in der öffentlichen Verwaltung: Teil V -
Gestaltungsempfehlungen (interner Projektbericht), o. O.: o. V., 1996, S. 1-26

Kreitzberg, Shneiderman /Restructuring Knowledge 1992/
Charles B. Kreitzberg, Ben Shneiderman: Restructuring Knowledge for an Electronic Encyclo-
pedia, in: Hartley, J. (Hrsg.): Technology and writing: readings in the psychology of written
communication, London: Jessica Kingley Publishers, 1992, S. 169-178

Kuhlen /Hypertext: ein nichtlineares Medium 1991/
Rainer Kuhlen: Hypertext: ein nichtlineares Medium zwischen Buch und Wissensbank,
Berlin u.a.: Springer, 1991

Kuhlen /Abstracting 1991/
Rainer Kuhlen: Abstracts - Abstracting - Intellektuelle und maschinelle Verfahren,
in: Buder, M. (Hrsg.): Grundlagen der praktischen Information und Dokumentation: ein
Handbuch zur Einführung in die fachliche Informationsarbeit, 3. Auflage, München u.a.:
Saur Verlag, 1991, S. 90-121

Kunze /Entwicklen von Web-Projekten 1995/
Michael Kunze: Geheimtip - Entwicklen und Testen von Web-Projekten, in: c't Magazin für
Computertechnik, September 1995, S. 166-172

Landow /Rhetoric of Hypermedia 1991/
George P. Landow: The Rhetoric of Hypermedia: Some Rules for Authors, in: Delany, P. / Lan-
dow, G. (Hrsg.): Hypermedia and Literary Studies, Cambridge / London: MIT Press, 1991,
S. 81-103

Laurel /Computers as theatre 1991/
Brenda Laurel: Computers as theatre, Reading: Addison-Wesley, 1991

Lease-Morgan /Readability, Browsability and Searchability 1996/
Eric Lease-Morgan: Readability, Browsability and Searchability: Three essential qualities of
information systems, in: WEBsmith, November 1996, S. 34-37

MacGregor /Short-Term Memory Capacity 1987/
James N. MacGregor: Short-Term Memory Capacity: Limitation or Optimization?, in: Psychological Review, 1987, Vol. 94, No. 1, S. 107-108

Marcus /Graphic Design for Electronic Documents and User Interfaces 1992/
Aaron Marcus: Graphic Design for Electronic Documents and User Interfaces, New York:
ACM Press, 1992

Matthews, Lovasik, Mertins /Visual Performance and Subjective Discomfort 1989/
Michael L. Matthews, John V. Lovasik, Karen Mertins: Visual Performance and Subjective
Discomfort in Prolonged Viewing of Chromatic Displays, in: Human Factors, 31(3), S. 259-271

McAleese /Navigation and Browsing in Hypertext 1989/
Ray McAleese: Navigation and Browsing in Hypertext, in: McAleese, R. (Hrsg.): Hypertext:
theory into practice, London: Intellect, 1989, S. 6-44

McKnight, Richardson, Dillon /Authoring of Hypertext Documents 1989/
Cliff McKnight, John Richardson, Andrew Dillon: The Authoring of Hypertext Documents,
in: McAleese, R. (Hrsg.): Hypertext: theory into practice, London: Intellect, 1989, S. 138-147

McKnight, Richardson, Dillon /Hypertext in Context 1991/
Cliff McKnight, John Richardson, Andrew Dillon: Hypertext in Context, Cambridge: Cambridge University Press, 1991

Miller /The Magical Number Seven 1956/
George A. Miller: The Magical Number Seven, Plus or Minus Two: Some Limits on Our
Capacity for Processing Information, in: Psychological Review, Vol. 63, No. 2, März 1956,
S. 81-89

Mohageg /Hypertext Linking 1992/
Michael F. Mohageg: The Influence of Hypertext Linking Structures on the Efficiency of
Information Retrieval, in: Human Factors, 34(3), 1992, S. 351-367

Nelson /A File Structure for The Complex, The Changing and the Indeterminate 1965/
Theodor Holm Nelson: A File Structure for The Complex, The Changing and the Indeterminate, in: ACM 20th National Conference - Proceedings (Cleveland, Ohio, 1965), S. 84-100

Nelson /Literary Machines 1990/
Theodor Holm Nelson: Literary Machines, Sausalito: Mindful Press, 1990

Nielsen /Hypertext and Hypermedia 1990/
Jakob Nielsen: Hypertext and Hypermedia, New York u.a.: Academic Press, 1990

Norman /Some Observations on Mental Models 1983/
Donald A. Norman: Some Observations on Mental Models, in: Gentner, D./Stevens, A. (Hrsg.): Mental models, Hillsdale: Lawrence Erlenbaum Associates, 1983, S. 7-14

Norman /Why Interfaces Don't Work 1990/
Donald A. Norman: Why Interfaces Don't Work, in: Laurel, B. (Hrsg.): The Art of human-computer interface design, Reading: Addison-Wesley, 1990, S. 209-219

Paap, Roske-Hofstrand /Optimal Number of Menu Options 1989/
Kenneth R. Paap, Renate J. Roske-Hofstrand: The Optimal Number of Menu Options per Panel, in: Human Factors, 28(4), S. 377-385

Raasch /Systementwicklung mit Strukturierten Methoden 1993/
Jörg Raasch: Systementwicklung mit Strukturierten Methoden, 3. Auflage, München/Wien: Hanser, 1993

Rada /Hypertext, multimedia und hypermedia 1995/
Roy Rada: Hypertext, multimedia und hypermedia, in: The New Review of Hypermedia and Multimedia, Vol. 1, 1995, S. 1-21

Reddy /Hypertext for Technical Documentation 1990/
Padma Reddy: Use of Hypertext for Technical Documentation [TAMU 90-021], College Station: Texas A and M University, 1990

Rheingold /An Interview with Don Norman 1990/
Howard Rheingold: An Interview with Don Norman, in: Laurel, B. (Hrsg.): The Art of human-computer interface design, Reading: Addison-Wesley, 1990, S. 5-10

Rupietta /Mental Models and the Design of User Manuals 1990/
Walter Rupietta: Mental Models and the Design of User Manuals, in: Ackermann, D./Tauber
M. (Hrsg.): Mental models and human-computer interaction 1, Amsterdam:
Elsevier Science Publishers, 1990, S. 321-334

Salomon /New Uses for Color 1990/
Britta Salomon: New Uses for Color, in: Laurel, B. (Hrsg.): The Art of human-computer interface design, Reading: Addison-Wesley, 1990, S. 269-278

Sano /Designing large-scale web sites 1996/
Darrell Sano: Designing large-scale web sites: a visual design methodology, New York u.a.:
Wiley Computer Publishing, 1996

Schimpf, Ullfors /Informatik 1994/
Christian-Antonius Schimpf, Carl-Magnus Ullfors: Bertelsmann Lexikon Informatik • EDV •
Computertechnik, Gütersloh: Bertelsmann, 1994

Schwabe, Krcmar /Szenarien „gemeinsames virtuelles Büro" 1996/
Gerhard Schwabe, Helmut Krcmar: Szenarien „gemeinsames virtuelles Büro", in: BIFOA u.a.
(Hrsg.): Das Verbundprojekt BTÖV - Bedarf für Telekooperation in der öffentlichen Verwal-
tung: Teil II - Anwendungsszenarien (interner Projektbericht), o. O.: o. V., 1996, S. 27-29

Schwickert /Web-Site Engineering 1997/
Axel C. Schwickert: Web-Site Engineering – Modelltheoretische und methodische Erfahrun-
gen aus der Praxis, in: Theorie und Praxis der Wirtschaftsinformatik, Heft 196 (Juli 1997),
S. 22-35

Shneiderman /Hypertext Hands-On! 1989/
Ben Shneiderman: Hypertext Hands-On!: An Introduction to a New Way of organizing and
Accessing Information, Reading u.a.: Addison-Wesley, 1989

Shneiderman /Reflections on authoring, editing and managing hypertext 1989/
Ben Shneiderman: Reflections on authoring, editing and managing hypertext, in: Barrett, E.
(Hrsg.): The Society of Text: Hypertext, Hypermedia, and the Social Construction of Infor-
mation, Cambridge u.a.: MIT-Press, 1989, S. 115-131

Shneiderman /Designing the user interface 1992/
Ben Shneiderman: Designing the user interface : strategies for effective human-computer
interaction, 2. Auflage, Reading: Addison-Wesley, 1992

Soethe /Intranets mit HTML und Netscape 1996/
Ferdinand Soethe: Intranets mit HTML und Netscape: vom eigenen PC zum World Wide Web,
Bonn u.a.: Addison-Wesley, 1996

Thüring, Haake, Hannemann /Incoherent hyperdocuments 1991/
Manfred Thüring, Jörg M. Haake, Jörg Hannemann: What's Eliza doing in the Chinese
Room? Incoherent hyperdocuments - and how to avoid them, in: Arbeitspapiere der GMD,
Nr. 533 (Mai 1991), S. 1-15

Tognazzini /Consistency 1990/
Bruce Tognazzini: Consistency, in: Laurel, B. (Hrsg.): The Art of human-computer interface
design, Reading: Addison-Wesley, 1990, S. 75-77

Tolksdorf /Die Sprache des Web: HTML 3 1996/
Robert Tolksdorf: Die Sprache des Web: HTML 3: Informationen aufbereiten und präsentieren
im Internet, 2. Auflage, Heidelberg: dpunkt, 1996

Travis u. a. /Reading from Color Displays 1990/
David S. Travis u. a.: Reading from Color Displays: A Psychophysical Model, in: Human
Factors, 32(2), S. 147-156

Trollip, Sales /Readability of Fill-Justified Text 1986/
Stanley R. Trollip, Gregory Sales: Readability of Computer-Generated Fill-Justified Text, in:
Human Factors, 28(2), S. 159-163

Woodhead /Hypertext and Hypermedia 1991/
Nigel Woodhead: Hypertext and Hypermedia: Theory and Applications, Wokingham:
Addison-Wesley: Sigma Press, 1991

Zerbe /Turbo-Pascal 1989/
Klaus Zerbe: Angriff auf den Marktführer - QuickPascal macht Turbo-Pascal den Rang strei-
tig, in: c't Magazin für Computertechnik, September 1989, S. 120-126

Lebenslauf

Persönliche Daten	Alexander Schneider
	Rothenbacher Str. 35
	53721 Siegburg
	Tel. 02241 – 380 222
	geb. am 31. März 1970 in Neunkirchen-Seelscheidt, ledig
Schulausbildung	1976 – 1980 Grundschule Siegburg
	1980 – 1989 Anno-Gymnasium Siegburg
Wehrdienst	1989 – 1990 Grundwehrdienst
Hochschulausbildung	September 1990 – Beginn des Studiums der Wirtschaftsinformatik an der Universität zu Köln
	April 1994 – Bestehen der Diplom-Vorprüfung
	September 1994 – Beginn des Hauptstudiums mit Schwerpunkt Systementwicklung
	April 1997 – Beginn der Diplomprüfungen
Praxiserfahrung	August 1991– Oktober 1991 Praktikum im Bereich Arbeitsplatzsysteme der Infoplan GmbH
	Oktober 1991 – Dezember 1992 Freier Mitarbeiter der Infoplan GmbH
	Januar 1993 – Mai 1996 Freier Mitarbeiter der Connected Services GmbH

***Diplomarbeiten* Agentur**

Die Diplomarbeiten Agentur vermarktet seit 1996 erfolgreich
Wirtschaftsstudien, Diplomarbeiten, Magisterarbeiten, Dissertationen
und andere Studienabschlußarbeiten aller Fachbereiche und Hochschulen.

Seriosität, Professionalität und Exklusivität prägen unsere Leistungen:

- Kostenlose Aufnahme der Arbeiten in unser Lieferprogramm
- Faire Beteiligung an den Verkaufserlösen
- Autorinnen und Autoren können den Verkaufspreis selber festlegen
- Effizientes Marketing über viele Distributionskanäle
- Präsenz im Internet unter **http://www.diplom.de**
- Umfangreiches Angebot von mehreren tausend Arbeiten
- Großer Bekanntheitsgrad durch Fernsehen, Hörfunk und Printmedien

Setzen Sie sich mit uns in Verbindung:

***Diplomarbeiten* Agentur**
Dipl. Kfm. Dipl. Hdl. Björn Bedey —
Dipl. Wi.-Ing. Martin Haschke ——
und Guido Meyer GbR ————

Hermannstal 119 k ————
22119 Hamburg ————

Fon: 040 / 655 99 20 ————
Fax: 040 / 655 99 222 ————

agentur@diplom.de ————
www.diplom.de ————